Schriften des Instituts für Literaturgeschichte Schloß Arolsen
II

Susanne Scheerer

»Der Casselsche Zuschauer«

Verlag George

»Der Casselsche Zuschauer« / Susanne Scheerer
34317 Habichtswald: George, 1997
ISBN: 3-9803159-5-9
NE: Scheerer, Susanne

Gedruckt mit Unterstützung durch den hessischen Landesforschungsschwerpunkt „Kulturregionen – Regionalkulturen" und die Arthur-Fandrey-Stiftung der Universität Kassel

Das Werk ist urheberrechtlich geschützt. Jede Verwertung außerhalb der engen Grenzen des Urheberrechtsgesetzes ist ohne Zustimmung des Verlags unzulässig und strafbar. Das gilt insbesondere für Vervielfältigungen, Übersetzungen, Mikroverfilmungen und die Einspeicherung und Verarbeitung in elektronischen Systemen.

© Institut für Literaturgeschichte Schloß Arolsen

Schriften des Instituts für Literaturgeschichte
Schloß Arolsen

Herausgegeben von Anselm Maler

II

Verlag George

Inhalt

	Vorwort	IX
	Einleitung	1
I.	DIE ZEITSCHRIFT: EIN KIND DER AUFKLÄRUNG	4
1.	Das »Siècle des Journaux« - Zeitschriftenboom im 18. Jahrhundert	4
2.	Leseverhalten und Lesererwartung	16
3.	Forum der gelehrten Welt	22
4.	Zeitschrift und Öffentlichkeit	26
II.	EIN »ZUSCHAUER« IN DER RESIDENZ -	33
	Problemaufriß	33
1.	Zum Gattungsprofil moralischer Wochenschriften	41
1.1.	Geschmack und Tugend	49
2.	Textgeschichte - eine Rekonstruktion	52
2.0.	Quellenlage	52
2.1.	Erscheinungsdauer	53
2.2.	Ausgabe	56
2.3.	Bezugsweg	57
2.4.	Raspe und das gelehrte Deutschland	58
2.5.	Die Achse Kassel - Göttingen	62
2.6.	Verbreitung	63
2.7.	Mitarbeiter	65
2.8.	Auflage und Leserschaft	67
2.9.	Motive des Herausgebers	71
3.	Typisierung	76
3.1.	Äußeres Erscheinungsbild	76
3.2.	Vorsatz des »Zuschauers«	79
3.3.	Exkurs: Öffentlichkeit in der Residenzstadt	86
3.4.	Thematik und Inhalt	93
3.4.1.	Die Stücke im einzelnen	95
3.5.	Komposition	116
3.6.	Eine moralische Wochenschrift des Typs »Residenzblatt«	121
4.	Würdigung	126
III.	ANHANG	128
	Literaturverzeichnis	128

Für Watson

Vorwort

Die nachfolgenden Kapitel verstehen sich als Beitrag zur regionalen Kulturgeschichte im weiteren, zu den Bedingungen und zur Struktur der Publizistik in Hessen-Kassel zur Zeit des Landgrafen Friedrich II. im engeren Sinne. Trotz der 1991 erschienenen „Studien zu den Anfängen der Vereins- und Meinungsbildung in Hessen-Kassel 1770-1806", die Jörg Meidenbauer unter dem Titel „Aufklärung und Öffentlichkeit" vorgelegt hat, bildet die umfassende Aufarbeitung einzelner Zeitungs- und Zeitschriftenprojekte dieser Region ein Desiderat.

Dementsprechend ist die vorliegende Untersuchung als Einzelstudie angelegt. Sie konzentriert sich im wesentlichen auf *ein* Periodikum, den »Casselschen Zuschauer«, der 1772 von Rudolf Erich Raspe in Göttingen herausgegeben wurde. Die sozialhistorischen Prämissen einer Residenzstadt in der zweiten Hälfte des 18. Jahrhunderts, wie auch die Gesamtentwicklung auf dem Gebiet der moralischen Wochenschriften bleiben dabei nicht unbeachtet. So gliedert sich die Untersuchung in vier thematische Komplexe: in einen literarhistorischen resp. literarsoziologischen Teil zum Zeitschriftenwesen der Aufklärung, einen gattungstypologischen Part zu den Merkmalen moralischer Wochenschriften, einen regionalhistorischen sowie einen textanalytischen Teil, in dem versucht wird, den »Casselschen Zuschauer« als Sonderform der allgemeinen Sittenschriftenmode zu erfassen.

Hervorgegangen ist die Untersuchung aus einer Reihe von Vorlesungen, Seminaren, Kolloquien und Exkursionen, die Prof. Dr. Anselm Maler zur Literaturgeschichte des 18. Jahrhunderts sowie zu regionalen und lokalen Spezifika dieser Epoche abgehalten hat. Seinen Anregungen über all die Jahre sind Idee und Entstehung der vorliegenden Untersuchung zu verdanken. Zum Gelingen beigetragen haben mit ihrer konstruktiven Kritik und ihren wohlbedachten Urteilen auch meine langjährigen Kommilitonen und Wegbegleiter Karl-Heinz Nickel, Harro Kobzik, Andreas Gebhardt, Corinna Heipcke und Ulrich Eichler. Für die gewissenhafte Durchsicht des Manuskripts danke ich Ute Greib und Horst-Jürgen Keßler.

Das Manuskript hat im Wintersemester 1995/96 dem Fachbereich Germanistik der Universität Gesamthochschule Kassel als Magisterarbeit vorgelegen. Durch die großzügige Förderung der Arthur Fandrey-Stiftung wurde die Drucklegung der überarbeiteten Fassung ermöglicht. Hierfür gilt der Stiftung mein besonderer Dank.

Kassel, im Juni 1997

Susanne Scheerer

Einleitung

Sichtet man das kritische Schrifttum zur Geschichte der Zeitschrift und des Journalismus, fällt die geringe Zahl der Gesamtdarstellungen zumeist älteren Datums auf, die sich diesem Kapitel deutschsprachiger Literatur widmet. Joachim Kirchners historische Untersuchung über das deutsche Zeitschriftenwesen bildet daher bis heute das einzige umfassende Standardwerk zu diesem Thema. Darüber hinaus ist seine umfangreiche Bibliographie unverzichtbar für jeden, der sich mit periodischer Literatur befaßt. Daneben ist noch auf die Studie von G. Menz zu verweisen, der die Zeitschrift unter wirtschaftsgeschichtlichem Aspekt beleuchtet sowie auf Robert Prutz und Dieter Paul Baumert, zwei Autoren, die versuchen, die Geschichte des deutschen Journalismus überblicksartig zu erfassen. Auch ihre Werke gelten im Rahmen der historischen Presseforschung als verbindlich. Weiterhin existiert eine größere Anzahl von Einzeluntersuchungen und Fallstudien, die sich entweder einer bestimmten Zeitschriftengattung (Martens, Wilke) widmet oder aber ausgewählte Titel zum Gegenstand der Analyse macht (Bodmer, Graf, Luehrs, Brandes, Scheibe u.a.). Außerdem liegt eine Reihe von Aufsätzen vor, in denen die Zusammenhänge zwischen Aufklärung, Kommunikation, Öffentlichkeit und der Entwicklung periodischer Literatur diskutiert werden (Raabe, Martens, Vierhaus, Bödeker). Und auch die historische Leseforschung (Engelsing, Schenda) verweist auf die Zeitschrift als wichtigen Faktor bei der Erschließung neuer Lesestoffe und Leserschichten sowie der Entwicklung zeitgemäßer Lesemethoden.

Ein Hauptinteresse der historischen Zeitschriftenforschung beanspruchen die moralischen Wochenschriften[1], die zwischen 1720 und 1760 in großer Zahl erscheinen und einen wesentlichen Beitrag leisten zur Lesekultur und zur Emanzipation des Bürgertums.[2] Aus publizistischer Sicht bezeichnet

---

[1] Als ob er den Gattungscharakter auch orthographisch unterstreichen möchte, hat sich Wolfgang Martens im Zusammenhang mit »Wochenschrift« zugleich für die Großschreibung des Adjektivs »moralisch« entschlossen (»Moralische Wochenschrift«). Sofern ich Martens nicht zitiere, halte ich jedoch an der Kleinschreibung fest oder verwende den bedeutungsgleichen Ausdruck »Sittenschrift«.

[2] Zur Differenzierung des Begriffs vor allem Ruppert (1982), S. 59 ff. und Im Hof (1982), S. 43 ff. In meiner Untersuchung, die sich mit den volksaufklärerischen Zeitschriften der Spätaufklärung nicht befaßt, ist der Begriff »Bürgertum« daher grundsätzlich in der Bedeutung von »Stadtbürgertum« zu verstehen, worunter man für gewöhnlich zu subsumieren hat: Handwerker, Kaufleute, Akademiker, Beamte und Geistliche.

Günter Kieslich den Zeitraum zwischen 1700 und 1800 sogar als Epoche der moralischen Wochenschrift.[3] Dennoch wurde neben den rezensierenden Zeitschriften und den Fachjournalen auch diese Gattung von der Aufnahme in den »Index deutschsprachiger Zeitschriften 1750-1815« ausdrücklich ausgenommen.[4]

Daß sich nun weder die regionale noch die lokale Literatur- und Geschichtsforschung bislang um den »Casselschen Zuschauer« bemüht haben,[5] resultiert zum Teil aus der Überlieferung zur Person Raspes, den selbst „fortschrittliche Wissenschaftler und Literaten totschwiegen",[6] nachdem sein Diebstahl im Münzkabinett des hessischen Landgrafen entdeckt und der Herausgeber des »Casselschen Zuschauers« steckbrieflich gesucht wurde.[7] Das Schweigen „hat bis heute angehalten".[8] Unbekannt indes ist sein Wochenblatt der Wissenschaft nicht: Selbst Diesch, Kirchner und Martens führen das Journal in ihren Bibliographien auf; Diesch unter der Rubrik »Zeitschriften vorwiegend unterhaltenden und satirischen Inhalts« und Kirchner in der Kategorie der „unterhaltenden und belehrenden Zeitschriften". Daneben wird der »Zuschauer«[9] in den Raspe-Biographien Rudolf Hallos und John Carswells erwähnt sowie in den zahlreichen biographischen Skizzen und neuerdings auch in der Monographie Jörg Meidenbauers über »Aufklärung und Öffentlichkeit in Hessen-Kassel«, der dem Journal vier Seiten widmet - die bisher ausführlichste Besprechung. Dabei zeugen sämtliche Urteile der Autoren von einer bestenfalls oberflächlichen Kenntnis des Kasseler Wochenblatts (vgl. T. II., Kap. 2).

Aus dieser Sachlage ergibt sich die Aufgabe, den Text[10] mit dem Ziel einer

---

[3] Vgl. Fischer (1973), S. 18.

[4] »Index« (1989), S. VIII.

[5] Vgl. Meidenbauer (1991), pass.

[6] Kalthoff (1969), S. 265

[7] Der Steckbrief der Fürstl. Hessischen Regierung vom 17ten März 1775 ist abgedruckt in: Hallo (1934), S. 118 f.

[8] Kalthoff (1969), S. 265. Symptomatisch für die Überlieferung Raspes und dessen Schriften ist der Umstand, daß die von ihm in England 1785 anonym verfaßte Münchhausen-Erzählung in Deutschland lange Zeit unter dem Namen des Übersetzers Gottfried August Bürger tradiert wurde, vgl. Schweizer (1969), S. 52 ff.

[9] Wo immer der Bezug deutlich ist, lasse ich die ortsbezogene Beifügung weg.

[10] Die historische Orthographie des »Casselschen Zuschauers« habe ich in meinen Zitaten beibehalten.

begründeten typologischen Einordnung zu erschließen und im Hinblick auf seine Besonderheiten auszuwerten (vgl. T. II., Kap. 0). Wir wissen, daß „der historische Gegenstand nur verstanden werden kann aus dem Ganzen, in dem er enthalten ist."[11] Es ist deshalb notwendig, zunächst einen Blick auf den in Deutschland entstehenden und nach und nach sich ausdifferenzierenden Zeitschriftenmarkt zu werfen, der abhängig ist von einem sich verändernden Leseverhalten und Lesekonsum sowie - davon nicht zu trennen - von dem neu entstehenden bürgerlichen Verständnis von Öffentlichkeit.

---

[11] Dilthey (1922), S. 233.

I. Die Zeitschrift: Ein Kind der Aufklärung

*Wenn diesen Langeweile treibt,
kommt jener satt vom übertischten Mahle,
und was das Allerschlimmste bleibt,
gar mancher kommt vom Lesen der Journale.
(J. W. v. Goethe: Faust. Vorspiel auf dem Theater)*

*Der Hr. D. Martini hat fast alle nützliche deutsche, lateinische und französische periodische Schriften zusammengebracht und will sie, nebst seiner Privatbibliothek, unter sehr billigen Bedingungen zum öffentlichen Gebrauch der Einwohner von Berlin widmen. Es ist dies eine Anstalt, die verdient, in mehreren großen Städten nachgeahmt zu werden.
(Entwurf zu einer gemeinnützigen Journalgesellschaft (...), in: „Allgemeine Deutsche Bibliothek", Bd. 18, 1. Stück, S. 309, Berlin/Stettin, 1772)*

*Die Zeitschrift ist nach wie vor der großartige Spiegel der geistigen, sozialen, wirtschaftlichen, aber auch behördlichen und interessengruppen-bestimmten Wirklichkeit unserer Gesellschaft.
(Günter Kieslich, 1961)*

1. Das »Siècle des Journaux«: Zeitschriftenboom im 18. Jahrhundert

Zur deutschen Verspätung[12] gehört oft genug, daß das Versäumte mit besonderer Intensität nachgeholt wird. Denn obgleich in Frankreich mit dem »Journal des Sçavans« (1665 ff.) der Grundstein für die europäische Zeitschriftenproduktion gelegt wird, treibt diese dann in quantitativer Hinsicht vor allem im deutschsprachigen Raum große Blüten: in den protestantischen Metropolen Nord- und Mitteldeutschlands, in Universitäts-, Messe- und Handelsstädten wie Hamburg, Leipzig, Frankfurt, Halle, Jena, Göttingen u.a.m.

Was für die Verbreitung der Zeitschrift im allgemeinen, das gilt erst recht für eine ausgesprochen temporäre Gattung, die in den gehobenen Kreisen des städtischen Bürgertums[13] zwischen 1720 und 1760 in Deutschland und der Schweiz sowie seit den 1770er Jahren in Österreich populär wird: Als ursprünglich englischer Journaltyp werden die »moral weeklies«, die moralischen Wochenschriften, bald in den deutschen Territorien exzessiv nachgeahmt.

---

[12] In verbaler Anlehnung an Helmut Plessner (41966).

[13] Unter „gehobenem" oder »gebildetem« Bürgertum hat man im 18. Jahrhundert jene soziale Klasse zu verstehen, die sich oberhalb des Handwerkerstandes erhebt: angefangen etwa vom Ratsherren über den Bankier und Kaufmann bis hin zu den akademischen Berufen und Staatsbeamten, vgl. Martens (1968), S. 147 f., Kiesel/Münch (1977), S. 52 ff.

Im Widerspruch zum umfangreichen und selbstbewußten Auftreten der Journale im deutschsprachigen Raum steht die sich relativ spät durchsetzende publizistische Gattungsbezeichnung »Zeitschrift«: Lexikalisch belegt, finden wir den deutschen Ausdruck erst 1811 in Joachim Heinrich Campes Wörterbuch der deutschen Sprache,[14] in dem er ihn als Ersatz für Journal oder periodische Schrift empfiehlt. Unter dem Lemma »Zeitschrift« wird diese definiert als *„eine Schrift, welche zu gewissen bestimmten Zeiten herauskömmt, in auf einander folgenden Stücken ausgegeben wird (...) Monatsschrift und Wochenschrift sind Zeitschriften, von welchen monatlich und wöchentlich ein Stück herauskömmt (...)."*[15]

Campes Vorschlag zur Übersetzung des französischen Wortes »Journalist« in »Zeitschrifter« oder »Zeitschriftler« sollte sich im deutschen Sprachgebrauch jedoch nicht durchsetzen.[16]

Im Gegensatz zu den moralischen Wochenschriften, die sich, namentlich dem englischen Vorbild folgend, von jenen »moral weeklies« des Joseph Addison und Richard Steele ableiten und als solche seit den 1740er Jahren in den deutschen Wortschatz eingehen,[17] wird das Wort »Zeitschrift« später gebräuchlich und etabliert sich mit einiger Verzögerung erst im 19. Jahrhundert als führender Gattungsbegriff: Noch Johann Christoph Adelung adaptiert die verbale Hierarchisierung, nach der sich Zeitschrift, Tages-, Wochen- und Monatsschrift unter den Oberbegriff des »Journals« zu ordnen haben.[18]

Gleichwohl wird schon seit den 1750er Jahren angeregt, dem französischen Kind einen deutschen Namen zu geben; doch als längst eingeübte

---

[14] Hellmut Rosenfeld (²1984), S. 977. Hansjürgen Koschwitz (1968) weist allerdings nach, daß der Kameralist Peter Freiherr von Hohenthal das Wort »Zeitschrift« bereits 1751 als Gattungsbezeichnung in seiner Vorrede zu den »Oeconomischen Nachrichten« verwendet und damit, wenn auch zunächst ohne Folgen, bereits vor Gottfried August Bürger den französischen durch den deutschen Ausdruck substituiert.

[15] Campe (1811), S. 836.

[16] Vgl. ebd.

[17] Vgl. Martens (1968), S. 101. Daneben halten sich jedoch auch noch ältere Bezeichnungen wie »Sittenschrift« oder »moralische Schrift«, die von der Gottschedin (1750) in der zweiten Auflage ihrer bereits 1739 verfaßten Vorrede zur Übersetzung des englischen »Zuschauers« übernommen werden, S. 3.

[18] Adelung (1796), S. 1441.

publizistische Bezeichnung tritt „Journal"«[19] noch lange den Beweis dafür an, daß es sich hierbei um ein Medium ausländischer Provenienz handelt.

Mit Fortschreiten des Jahrhunderts gewinnt die periodische Presse sichtlich an Format und kulturellem Einfluß, was allein schon ihre enormen Zuwächse belegen.[20] Die Zeitschrift ist zu einem wichtigen Faktor im Geistesleben des 18. Jahrhunderts avanciert, und diesem Umstand trugen Johann Heinrich Christoph Beutler und Johann Christoph Friedrich Gutsmuths Rechnung, als sie 1790 ihr »Allgemeines Sachregister über die wichtigsten deutschen Zeit- und Wochenschriften« der vergangenen Dezennien erstellten. Dieses in Leipzig verlegte Repertorium stellt den ersten umfassenden Versuch dar, die Zeitschriftenliteratur der deutschen Aufklärung systematisch zu ordnen und weitgehend erschöpfend zu erfassen.

Aus der rückblickenden Vorrede beider Autoren geht hervor, daß man sich über den Aufwand des bibliographischen Unternehmens erst nach und nach klar wurde. Daher lassen die Verfasser den angestrebten Drucktermin zweimal verstreichen, und die zunächst projektierte Arbeitszeit von einem Jahr summiert sich am Ende auf vier Jahre. Man hatte sich zu Beginn über Quantität und Qualität der mittlerweile in Deutschland erschienenen Periodika getäuscht und nicht hinreichend berücksichtigt, daß ein sich zunehmend ausdifferenzierendes Medium unübersichtlich und seine eindeutige Rubrizierung daher kompliziert wird: *„Allein wir lernten bald einsehen, welcher Arbeit wir uns unterzogen. Wir fanden eine Menge ganz unerwarteter Hindernisse und Schwierigkeiten, die uns fast nöthigten, ein Unternehmen aufzugeben, das so gar mühsam und mit so vieler Arbeit und Anstrengung verbunden war, wo wir unsern Verstand anhaltend wie einen Brennspiegel gebrauchen mußten, um die Hauptideen so vieler Abhandlungen so mannichfaltigen und verschiedenen Inhalts, dadurch wie Lichtstrahlen auf einen deutlichen Punkt zu konzentrieren (...)."*[21]

---

[19] In einzelnen Fällen benennen die Autoren ihre Periodika als »Ephemeriden« oder »Monatsschriften«.

[20] Indikatoren für die rasch zunehmende deutschsprachige Zeitschriftenproduktion sind u. a. Kompilationen, die selektiv in den Rezeptionsprozeß eingreifen und dem zeitlich, finanziell, aber auch intellektuell überforderten Leser eine Zusammenschau gleich mehrerer Blätter bieten. So gibt Johann Dietrich Leyding 1764 in Berlin seinen »Auswähler oder der Kern der besten moralischen Wochenschriften neuerer Zeiten« heraus.

[21] Beutler/Gutsmuths (1790), S. VIII f.

In diesem Zusammenhang lassen sich die bereits im 17. Jahrhundert aufkommenden allgemeinwissenschaftlichen oder gelehrten Zeitschriften anführen, die sich im Zuge der Verwissenschaftlichung vieler Lebensbereiche und des Entstehens diverser Wissenschaftsdisziplinen immer mehr zu reinen Fachblättern für ein neuartiges Expertentum kritischer Gelehrter entwickeln. In Abhängigkeit ihrer thematischen Spezialisierung ist demnach die Gesamtzahl wissenschaftlicher Zeitschriften am Ende der Aufklärungsepoche um ein Vielfaches gestiegen.

Bei Joachim Kirchner, dessen bahnbrechende Zeitschriftenbibliographie[22] weit mehr Titel inventarisiert als das frühe Kompendium von Beutler/Gutsmuths, findet man unter den statistischen Ergebnissen u. a. die folgende Rubrizierung wissenschaftlicher Fachblätter: cameralwissenschaftliche Zeitschriften, juristische Zeitschriften, kunstwissenschaftliche Zeitschriften, literarische Zeitschriften wissenschaftlichen Charakters, geheimwissenschaftliche Zeitschriften; weiterhin: mathematische, medizinische, militärwissenschaftliche, musikwissenschaftliche, naturwissenschaftliche, ökonomiewissenschaftliche, pädagogische, philologische, philosophische, technische und schließlich theologische Zeitschriften.[23] Diese Aufzählung belegt noch einmal die Ausdifferenzierung und das rasche Anwachsen der Einzelwissenschaften im 18. Jahrhundert, die selbstbewußt aus dem Schatten der Theologie und scholastischen Philosophie heraustreten und offensichtlich in der periodischen Literatur ihr vorläufiges Zuhause finden.

Neben den zunächst allgemein- und später fachwissenschaftlichen Periodika, in denen die gelehrten Diskurse der Zeit enthalten sind, lassen vor allem die Unterhaltungszeitschriften, wozu Kirchner und Lindemann auch noch die moralische Wochenschrift zählen,[24] die Gesamtzahl der Journale in die Höhe steigen. Während für England bis 1790 insgesamt 846 Zeitschriftentitel ermittelt werden, und Kirchner stellt selbst diese vergleichs-

---

[22] Joachim Kirchner (1928/1931): Die Grundlagen des deutschen Zeitschriftenwesens. Mit einer Gesamtbibliographie der deutschen Zeitschriften bis zum Jahre 1790, 2 Teile, Leipzig.

[23] Ebd., (1931), T.2, S. 332 ff.

[24] Erst Wolfgang Martens löst die moralischen Wochenschriften in seiner Habilitationsschrift »Die Botschaft der Tugend« aus der »heterogenen Masse« der Unterhaltungszeitschriften als eigenständigen Typ, ja selbständige Gattung heraus.

weise niedrige Zahl in Frage, sind es im Heiligen Römischen Reich Deutscher Nation und in der Schweiz insgesamt 3494 (!) verschiedene Titel.[25]

Dieses überdurchschnittlich starke Zeitschriftenaufkommen gründet freilich auch in der territorialen Beschaffenheit Deutschlands, das sich ohne politisches und kulturelles Zentrum in souveräne Kleinstaaten mit meist unterschiedlichen Zensurverhältnissen und untereinander schwerfälligen Vertriebssystemen zergliedert.

Regionalisierungstendenzen innerhalb der periodischen Literatur spiegeln wohl am ehesten die moralischen Wochenschriften wider. Das bezeugen zumindest die ortsbezogenen Beifügungen und personalisierten Städtenamen in Titeln wie: »Der Leipziger Patriot«, »Der Sachsen-Spiegel«, »Die Zellischen Vernünftigen Tadler«, »Der Hamburger« etc. Die hierin ausgedrückte Identifikation mit einer Stadt oder einer ganzen Region dürfte eng verbunden sein mit der patriotischen[26] Gesinnung der Sittenrichter, deren Anliegen schließlich darin besteht, das allgemeine Wohl und die Glückseligkeit ihrer Mitbürger zu befördern, indem sie ihr Publikum zu einem solidarischen und verantwortungsbewußten Miteinander erziehen wollen.[27] Dieser „unpolitische Gemeinsinn" bricht sich vor der Französischen Revolution zumeist noch in „einzelstaatlicher" Vaterlandsliebe und nicht in einem „Reichspatriotismus" Bahn.[28] Es gereicht immerhin zur patriotischen oder staatsbürgerlichen[29] Pflicht und Ehre, dort, wo man lebt und die Bürgerrechte genießt, eine patriotische Gesellschaft[30] zu gründen oder doch eine moralische Schrift zu verfassen. Vor diesem Hintergrund läßt sich die bemerkenswerte Menge deutschsprachiger Sittenschriften erklären aus der Summe einzelstaatlicher Patriotismen, deren Protagonisten jedoch nie einen Zweifel daran lassen, daß die verfochtene Gemeinschaftsethik auf alle Menschen

---

[25] Kirchner (1931), T.2, S. 323. In seiner 1969 erschienenen »Bibliographie der Zeitschriften des deutschen Sprachgebietes bis 1900« führt Kirchner für das gesamte 18. Jahrhundert sogar mehr als 4000 Zeitschriftentitel auf.

[26] Zum Begriffsverständnis der Aufklärung vgl. Vierhaus (1982), S. 119 ff.

[27] Bei Adelung (1777) wird „moralisch" übersetzt als Aufgabe, »Lebenspflichten vorzutragen und einzuschärfen«. So kommt der Moral als „Lehre von der Einrichtung des Verhaltens des Menschen" von Beginn an eine soziale Funktion zu.

[28] Vgl. Vierhaus (1982) und Martens (1968), S. 340 ff.

[29] Zur Kongruenz beider Begriffe vgl. Vierhaus (1982), S. 124.

[30] Bei Im Hof (1982) „Gemeinnützige Gesellschaften" vgl. S. 134 ff.

und Gesellschaften anwendbar und in diesem Sinne weltbürgerlich gestimmt sein soll: *"Patrioten müssen wir alle seyn. (...) ein Patriot sey ein Mensch, dem es um das Beste seines Vaterlandes ein rechter Ernst ist, der seinen GOtt recht erkennet, das Predig=Amt ehret, Wahrheit und Ordnung liebet, die Obrigkeit fürchtet, und dem gemeinen Wesen redlich zu dienen geflissen ist, auch zu dem Ende nicht allein selbst ein Patriot zu seyn, sondern zugleich, so viel an ihm ist, Patrioten zu machen, das ist, andere zu denen Pflichten, die sie GOtt und dem Vaterlande schuldig sind, anzuweisen, suchet."*[31]

Kirchner untergliedert seine Überblicksstatistik sodann, wie schon Beutler und Gutsmuths, in Dezennien, so daß der permanente Zuwachs periodischer Literatur von Jahrzehnt zu Jahrzehnt sichtbar wird. Bis 1700 zählt er 58 deutsche Zeitschriften, darunter freilich auch die im gelehrten Bildungslatein abgefaßten Periodika wie die seit 1682 von dem Leipziger Professor Otto Mencke herausgegebenen und vielbeachteten »Acta Eruditorum«. Schon im ersten Jahrzehnt des 18. Jahrhunderts werden mehr Zeitschriften verlegt als im gesamten Jahrhundert zuvor, nämlich 64. Zwischen 1711 und 1720 verdoppelt sich nahezu die Zahl der neu hinzukommenden Journale: Kirchner summiert 119 Zeitschriften. Zwischen 1721 und 1740 hält sich der Zuwachs von insgesamt 309 Periodika in Grenzen. Explosionsartig dagegen steigt die Produktion ab 1741: Bis 1750 kommen 260, im darauffolgenden Jahrzehnt, bis 1760, 331 neue Journale hinzu.[32] Eine zweite Zäsur, hervorgerufen durch einen überproportionalen Anstieg der Zeitschriftenliteratur, ereignet sich schließlich 1770: Nachdem in den 1760er Jahren 410 Periodika neu auf dem Markt erscheinen, sind es im darauffolgenden Dezennium schon 718 und bis 1790 noch einmal 1225 neue Titel!

Hauptverantwortlich für die Zäsur von 1740 sind die zahlreich vertretenen moralischen Wochenschriften[33] als publizistischer Ausdruck der praxisorientierten Vernunftsphilosophie Christian Wolffs und der einsetzenden Bemühungen um Reformierung der deutschen Sprache, Literatur und

---

[31] »Der Patriot« (1724/1969), S. 26.

[32] Man hat Grund zu der Annahme, daß das Wachstum in diesem Zeitraum, bedingt durch die Kriegshandlungen zwischen 1756 und 1763, vergleichsweise niedrig ausfällt.

[33] In einer der ersten Spezialbibliographien zu den moralischen Wochenschriften, die in ihrem Differenzierungsvermögen allerdings noch nicht so weit fortgeschritten ist wie spätere Repertorien, verzeichnet Max Kawczynski zwischen 1713 und 1739 ganze 51, zwischen 1740 und 1750 jedoch schon 70 Titel, vgl. Kawczynski (1880/1969), S. 19 ff.

Bühne. In der Zeit zwischen 1725 und 1750[34] schließlich erhält das Denken des Menschen seine Prägung in Richtung auf „Verzeitlichung und Disziplinierung",[35] indem beständig - zumal in den Sittenschriften - zum Gebrauch der wesensmäßigen Vernunftskräfte aufgefordert wird. In dieser Phase vermehren sich dann auch die naturwissenschaftlichen Blätter,[36] und es beginnt, angeregt durch Gottsched und die Schweizer, was mit Lessing und Nicolai während der Hochaufklärung kultiviert werden soll: der literaturkritische Journalismus.

Die Zäsur der 1770er Jahre hängt dagegen vor allem mit einem gewandelten Leseverhalten und veränderten Leseerwartungen des Publikums zusammen, was u.a. zur Ausbildung eines neuen Zeitschriftentyps, dem vielseitigen und auf Unterhaltung gestimmten Magazin, beiträgt (vgl. Kap.2). Daneben darf man die in jene Zeit fallenden reformpädagogischen Bemühungen eines Basedow, Campe und Pestalozzi als publikationssteigernden Faktor nicht unterschätzen, findet doch die sogenannte Volksaufklärung ihre theoretische Erörterung in Fachzeitschriften und etabliert parallel dazu eine pädagogische Publikumszeitschrift philanthropischer Prägung, die sich an der mittlerweile verblaßten Gattung der moralischen Wochenschriften orientiert. Zeitgleich bildet sich im Schatten des heraufziehenden Revolutionszeitalters eine die Zeitschriftenlandschaft bereichernde politische und nationalpatriotische Presse heraus, die in ihrer frühen Phase vor allem mit dem Namen Christian Friedrich Daniel Schubart und dessen »Teutscher Chronik« (1774-1777) verbunden ist.

Die 1770er Jahre stehen somit für eine Pluralisierung der gesamten Zeitschriftenlandschaft: Neben überkommenen Typen und Gattungen wie jener der moralischen Wochenschriften bilden sich Journale veränderten Inhalts und mit anderen Zielsetzungen heraus, erschließen sich gar neue vor allem weibliche Lesergruppen und -schichten aus dem unteren Milieu. Mit der Bereicherung der Presselandschaft geht freilich, wie schon die Zeitgenossen Beutler/Gutsmuths feststellen, eine zunehmende Unübersichtlichkeit einher,

---

[34] Werner Rieck (1976) bewertet diesen Zeitabschnitt als „Prozeß der Konsolidierung und Stabilisierung" der „literaturgesellschaftlichen Situation in Deutschland", vgl. S. 371.
[35] Schön (1987), S. 50.
[36] Vgl. Lindemann (1969), S. 183.

wo sich Grenzen zwischen unterschiedlichen Zeitschriftenarten verwischen und eindeutige Zuordnungen nicht mehr überall greifen.[37]

Die Entwicklung und Ausdifferenzierung des literarischen Marktes resultiert schließlich auch aus einem sich verändernden Rezeptionsverhalten. Im Laufe des 18. Jahrhunderts verflüchtigen sich die Berührungsängste mit dem geschriebenen Wort. Allen voran hat das städtische Bürgertum seine Lektüre quantitativ gesteigert und qualitativ verändert, bedient sich, vor allem seit den 1770er Jahren, der thematisch mannigfaltigen Magazine oder der literarisch-unterhaltsamen Blätter. In dieser Zeit avanciert schließlich auch der Roman zur beliebtesten Gattung,[38] und die Klage mancher Zeitgenossen über die »Vielleserei«[39] ihrer Mitbürger wird immer lauter.

Diese vorwiegend quantitative Beschreibung der deutschen Zeitschriftenlandschaft belegt empirisch die Weitsichtigkeit der Zeitgenossen, die bereits 1708 von ihrem Jahrhundert als einem »siècle des journaux« sprechen und zugleich kritisieren, „daß mehr Zeitschriften als Bücher gelesen würden."[40] Doch wiewohl eine solche Zahlenstatistik den plakativen Beweis für den Erfolg periodischer Literatur zur Zeit der Aufklärung antritt, verschweigt sie, daß viele Journale regelrechte Pleitegründungen darstellen, denen von vornherein eine kurze Existenz beschieden ist. Nur wenige Zeitschriften, zumal unter den moralischen Wochenschriften, können sich länger als einen oder gar nur einen halben Jahrgang auf dem literarischen Markt behaupten, sei es, weil man die Auflagehöhe zu niedrig kalkuliert hat,[41] sei es, weil der Mitarbeiterstamm zu klein ist oder sich wegen niedriger Honorarsätze seitens der

---

[37] Vgl. Wilke (1978), T.2, S. 98.

[38] Eine zeitgenössische Schätzung zeigt, daß zwischen 1773 und 1794 in Deutschland jährlich etwa 300 Romane erscheinen, vgl. Goldfriedrich (1909), S. 274.

[39] Zu den politisch-ideologischen Hintergründen dieser das bürgerliche Leseverhalten kritisierenden Vokabel vgl. besonders Schenda (1970), S. 50 ff. Danach stellt sowohl die Forderung nach eingeschränkter Lektüre als auch das unentschiedene Eintreten der Staaten für die Alphabetisierung der unterer Volksschichten „ein Politikum ersten Ranges" dar.

[40] Vgl. Berghahn (1984), S. 34.

[41] Zeitschriften mit einer Auflagehöhe von lediglich 500 bis 600 Exemplaren ist in aller Regel keine lange Lebensdauer vergönnt, es sei denn, sie verfügen über einen festen Abnehmerkreis. Die Minimalauflage muß sich aus Rentabilitätsgründen für den Verleger mindestens auf 1000 Exemplare belaufen, vgl. Kirchner (1928), T. 1, S. 48 ff. Dennoch erleben viele Periodika, darunter auch so bedeutende Journale wie die »Frankfurter Gelehrten Anzeigen«, Auflagen, welche diese Marke deutlich unterschreiten.

Verlagsbuchhändler nach kürzester Zeit beginnt aufzulösen,[42] sei es, weil man, wie bei den Sittenschriften häufig zu beobachten, das Erscheinen ohnehin auf begrenzte Dauer terminiert.[43]

Eine solche Erfolgsstatistik in Zahlen sagt freilich auch nichts über die kritischen Stimmen aus, die in der zunehmenden Beliebtheit periodischer Literatur eine Gefährdung alter Ordnungen sehen. Viele Skeptiker sind der Ansicht, daß der ungelehrte Leser nicht in der Lage sei, sich die Periodika inhaltlich adäquat zu erschließen. Wieder andere fürchten um die Verdrängung des altehrwürdigen Buchs in der Lesergunst. Ein weiterer, immer wieder erhobener Einwand beklagt die kostbare Zeit, die das Lesen in Anspruch nehme: *„Die allergewisseste Avisen finden wir doch in GOttes Wort/ nach solchem haben wir uns zu regulieren/ und bekommen dadurch genugsame Ursach uns zu erbauen/ da hingegen die Neue-Zeitungs-Sucht/ (...) unter diejenige Stück gehören/ die wir sollen meiden/ wie jener Christliche Theologus erinnert: Die Lust/ welche viel Leut haben/ darinnen/ daß sie gerne was neues hören/ und können reden und anhören mit Lust anderer Leut Sachen/ die ihnen doch nicht angehen/ dieselbe ist sündlich/ weil dadurch viel Zeit verdorben/ wichtige Dinge darzu unsere Zeit uns gegeben/ und da wir uns umb zu bekümmern haben/ versäumet werden."*[44]

Zeitverschwendung ist ein Standardargument gegen das Lesen überhaupt, es sei denn, und das gilt insbesondere noch für die Frühzeit der Aufklärung, es handelt sich dabei um religiöse Erbauungsliteratur. Doch noch weit bis in das 18. Jahrhundert hinein werden Maßhalteappelle an das Publikum gerichtet, gilt doch die Beschäftigung mit Literatur allein zum Zwecke der Unterhaltung als nicht tugendhaft und hält zudem den Bürger von seinen Pflichten fern.[45] Vor diesem Hintergrund legitimieren sich die moralischen

---

[42] Aus diesem Grund gehen in der zweiten Jahrhunderthälfte einige Autoren dazu über, ihre Zeitschrift im Selbstverlag zu publizieren; so auch Christoph Martin Wieland, der seinen „Teutschen Merkur" bis 1786 selbst verlegt und zunächst auch hohe Gewinne damit erzielt, vgl. ebd., S. 81 ff.

[43] In diesem Punkt entsprechen die moralischen Wochenschriften nicht der legendären Zeitschriftendefinition Joachim Kirchners für das 18. Jahrhundert, die eine „Absicht unbegrenzter Dauer" als konstitutives Merkmal aller Periodika unterstellt, vgl. ebd., S. 32.

[44] Johann Ludwig Hartmann (1679): Unzeitige Neue-Zeitungs-Sucht / und Vorwitziger Kriegs Discoursen Flucht, in: Die Zeitung (1967), S. 52 f.

[45] Im letzten Drittel des 18. Jahrhunderts betonen die Volksaufklärer in bewußter Abgrenzung zu epischen Texten gerade die zeitlich kürzere und daher auch für den Laien überschaubare

Wochenschriften mit ihren lehrhaften Inhalten und patriotischen Absichten noch am ehesten als neue, in jedem Falle aber zweckgebundene Lesestoffe für das frühbürgerliche Publikum. Im Gegensatz dazu zielen die historisch-politischen Journale, dieser frühe Zeitschriftentyp barocker Prägung, die noch bis 1720 zu den meistgelesenen Blättern zählen,[46] darauf ab, das Publikumsinteresse an, wie Hartmann es formuliert, „anderer Leut Sachen" zu erregen. Ihnen kommt damit zuallererst eine unterhaltende Funktion zu. *Diese für eine breite Leserschicht konzipierten historisch-politischen Monatsschriften erinnern in ihrer Thematik dann auch noch an den Typus der barocken »chronique scandaleuse«: „Sie brachten Nachrichten über Staatsgeheimnisse, über die Beziehungen der Höfe zueinander, über persönliche Erlebnisse und Eigenschaften der regierenden Häupter, über ihre Abenteuer und ihre Hofschranzen."*[47]

Der Verweis auf »Curioses«, auf »Seltsames« und »Merkwürdiges« fehlt nur selten in den langen Titelgebungen dieses Zeitschriftentyps: »*Monatlicher Staatsspiegel; Worinnen der Kern aller Avisen; ein Begriff der vornehmsten im H. Röm. Reich vorfallenden Affairen mit vilen Curiosen Beylagen, samt einigen Politischen Reflexionen sich repraesentirt und vorstellt*« oder »*Der Neu Bestellte Agent von Hauss aus, mit allerhand curieusen Missiven, Briefen, Memorialien, Staffeten (...)*«, um nur einige zu nennen.

Diese, den Zeitungen offensichtlich noch verwandten, „populären Blätter zur Zeitgeschichte"[48] garnieren nüchterne Meldungen mit indiskreten Informationen und stellen damit gezielt auf das Interesse des „curieusen", also

---

Journallektüre, die in ihrer komprimierten Präsentation der Themen schneller auf den Punkt kommt, so daß sie selbst von Lesern mit geringem Zeitbudget geleistet werden kann: „Also wie viel gute und achtungswürdige Menschen, die keine Zeit haben, größere Werke, die im Zusammenhang gelesen seyn wollen, für sich und ihren Geist zu nützen, finden etwan am Abend eines in rastloser Thätigkeit verlebten Tages in einem Journalaufsatze von etlichen Bogen Erholung, Vergnügen und Nutzen, ... lernen daraus den Geist ihres Zeitalters mit seinen schönen und häßlichen Charakterzügen kennen, und fangen überhaupt manchen wohlthätigen Lichtstrahl von der fortschreitenden Aufklärung und Veredelung der Menschen auf! Lauter Vortheile, welche für diese schätzbare Classe von Menschen größtentheils verloren gehen würden, wenn die Zeitschriften nicht das Mittel gefunden hätten, sich überall beliebt zu machen, sich in alle, nur einigermaßen gebildete Stände einzuschleichen", urteilt Joachim Heinrich Campe (1788), S. 19-44.

[46] Kirchner (1942), S. 40
[47] Ebd., S. 41.
[48] Ebd.

des wißbegierigen, jedoch zugleich auch neugierigen Lesers[49] ab. Schließlich fallen diese am Höfischen orientierten Journale der gedanklichen Zeitenwende, wie sie sich in dem belehrenden und erzieherischen Wollen der bürgerlichen Sittenschriften abzeichnet, zum Opfer, so daß ihre Verbreitung nach 1720 kaum mehr der Rede wert ist.

Erstaunlicherweise ist es, trotz der Kritik mancher Zeitgenossen, weniger die Zeitschrift als vielmehr die Zeitung, die von staatlicher Seite als Gefährdung des gewachsenen sozialen, politischen und kulturellen Ordnungsgefüges wahrgenommen wird. So richtet sich das Mißtrauen der Landesherren in der vorrevolutionären Zeit vorzugsweise gegen dieses um Tagesaktualität bemühte Medium, das von der Zensur besonders beobachtet wird, während es den Zeitschriftenautoren lange Zeit möglich ist, „Fragen zu behandeln, die ein Zensor in einer Zeitung sicher gestrichen hätte."[50]

Im sicheren Schatten der Zeitung entwickeln sich die Periodika sodann zum räsonierfreudigen Organ und zur eigentlichen Meinungspresse der deutschen Aufklärung. Themen können hier „umständlich", d. h. ausführlich, auf mehreren Seiten abgehandelt werden. Hier gilt es zu reflektieren und, was der vernünftigen Betrachtung nicht standhält, zu kritisieren. Nicht aktuelle Information, sondern das diskursive Umkreisen eines selbstgestellten Themas, einer grundsätzlichen Frage ist Gegenstand der Periodika. Unterricht und Unterhaltung findet das Bürgertum daher komprimiert in den zeitgenössischen Journalen. Obwohl sich manch Zeitungs-Redakteur bemüht, durch die Einführung des gelehrten Artikels ein kritisches diskursives Moment aufzubieten, wird die Zeitung von der Zeitschrift noch immer qualitativ und bis gegen Ende des Jahrhunderts auch quantitativ überflügelt.[51]

---

[49] Zur historischen Wortbedeutung von »curios« vgl. Adelung (1777) und Grimm (1860/1984).

[50] d'Ester (21962), S. 1311.

[51] Martin Welke (1977) versucht dagegen in seinem Aufsatz »Zeitung und Öffentlichkeit im 18. Jahrhundert«, die Zeitung gegenüber der Zeitschrift als das »wichtigste gedruckte Kommunikationsmittel« jener Epoche herauszustellen und sie als politisierendes Medium der deutschen Mittel- und Unterschichten zu verklären. Auch wenn die Tagespresse im Zuge der Volksaufklärung zahlenmäßig zulegt und aus soziologischer Sicht auf ein breiteres Publikum zielt als die anspruchsvolleren und zugleich teureren Zeitschriften, so stehen der allzu optimistischen Bewertung Welkes mindestens drei Argumente entgegen. Erstens: Quantitativ bedeutsam wird die Zeitung erst wieder gegen Ende des Jahrhunderts. Zweitens: Die

historische Leserforschung hat ergeben, daß der weitaus größte Teil der deutschen Bevölkerung weder lesen noch schreiben kann, und dazu gehören vorzugsweise die von Welke als Hauptadressaten der Tagespresse behaupteten (ländlichen) Mittel- und Unterschichten. Drittens: Um eine Zeitung herauszugeben, bedarf es der landesherrlichen Erlaubnis. Neben der Zensur stellt diese ein weiteres Instrument staatlicher Kontrolle dar. Politisch relevante Nachrichten werden überdies „unter der Wolke des dicksten Geheimnisses" gehütet, wie Schubart 1775 ironisch in seiner Teutschen Chronik zur Arkanpolitik europäischer Höfe feststellt. Das Zeitungswesen hat sich demnach, wie das Beispiel der Intelligenzblätter hinlänglich zeigt, in der Hauptsache auf amtliche Bekanntmachungen, Anzeigen und machtpolitisch völlig irrelevante Meldungen zu beschränken. Es kann demnach überhaupt nicht die Rede sein von einer Politisierung des Publikums durch eine solch bigotte, ja „höchstunwichtige" (Schubart) Berichterstattung, wie sie die deutsche Tagespresse am Ende des Jahrhunderts, bedingt durch die im Zuge der Französischen Revolution verschärfte Zensur, zu bieten hat. Selbst wenn sich die Zeitung letztlich durch höhere Auflage und weitere Verbreitung auszeichnet, wie Welke nicht müde wird zu betonen, war sie doch in ihrem rein informativen Charakter den über Zeitfragen kritisch räsonierenden und kommunizierenden Periodika qualitativ um ein Vielfaches unterlegen und trug weniger als diese zur Formierung einer (kritischen) bürgerlichen Öffentlichkeit bei.

2. Leserverhalten und Lesererwartung

Die beklagte »Lesewut« oder »Vielleserei« eines sich nur allmählich vergrößernden Publikums trifft, wenn überhaupt, bekanntlich erst für das letzte Drittel des 18. Jahrhunderts zu: Rolf Engelsing hat in seiner periodischen Lesergeschichte[52] die in der Folgezeit häufig zitierte These aufgestellt, daß sich während der Aufklärung sukzessive ein Wandel von der „intensiven" zur „extensiven" Lektüre vollzieht, der sich jedoch erst in den letzten Dezennien des Jahrhunderts bemerkbar macht.

Setzt sich das Lektüreprogramm des Publikums, angefangen vom gehobenen städtischen Bürgertum bis hin zu Fürsten und einem Teil der künstlerischen Avantgarde, wie Engelsing am Büchernachlaß des Preußenkönigs Friedrich Wilhelm I. und Johann Sebastian Bachs nachweist,[53] noch lange aus Bibel, Gebet- und Gesangbuch sowie diverser Erbauungsliteratur zusammen,[54] verändert und vergrößert sich zugleich dieses bescheidene, konformistische Korpus im letzten Drittel des 18. Jahrhunderts durch die vermehrte Rezeption säkularer Stoffe und belletristischer Literatur.

Infolge der allmählichen Einführung der Schulpflicht in den deutschen Ländern (Preußen seit 1717) erhöht sich zwar nach und nach die Zahl derer, die lesen können, doch wäre es verfehlt, darin den Beginn einer *schnell* voranschreitenden flächendeckenden und schichtenunspezifischen Alphabetisierung zu sehen. Aus topographischer Sicht wird die Lesefähigkeit in den Städten aufgrund der besseren Infrastruktur (Schulen, Universitäten, Buchhandlungen, Bibliotheken etc.) sehr viel häufiger und besser ausgebildet gewesen sein als auf dem Land. Bei durchschnittlich nur zehn Prozent potentiellen Lesern unter der erwachsenen deutschsprachigen Bevölkerung[55] weicht jedoch anfängliche Euphorie schnell der Skepsis.

---

[52] Engelsing (21978), S. 112 ff.
[53] Ders., (1974), S. 62 f., S. 75.
[54] Vgl. Sauder (21984), S. 252 f.
[55] Vgl. Schenda (1970), S. 443. Allerdings weichen die Prozentangaben bzgl. der Lesefähigkeit in Abhängigkeit von Zeitausschnitt, Qualität und Grad der Alphabetisierung bei unterschiedlichen Autoren erheblich voneinander ab. So kommen für Greven (1973) in der zweiten Jahrhunderthälfte gerade mal ein Prozent regelmäßige Leser zusammen, und auch Engelsing (1976) vermutet unter der deutschen Gesamtbevölkerung des 18. Jahrhunderts nur ein Prozent an tatsächlichen Lesern.

Entscheidend für das Phänomen der »Vielleserei« ist mithin nicht die nur langsam fortschreitende Alphabetisierung der Gesamtbevölkerung, sondern daß das gehobene Bürgertum seine über Jahrzehnte eingeübte und beibehaltene Lesemethode sukzessive ändert: Statt der intensiven Wiederholungslektüre immer gleicher Texte beginnt es nun damit, viele unterschiedliche Titel einmalig zu rezipieren. Dieses wachsende Bedürfnis nach wechselnden Lesestoffen eines wenn auch immer noch recht kleinen Publikums wirkt sich im letzten Drittel des 18. Jahrhunderts neben anderen Faktoren, wie beispielsweise der Einführung von Honorarzahlungen an die Autoren, insgesamt positiv auf Höhe und Vielseitigkeit der gesamten literarischen Produktion aus.

So trägt dann auch besonders eine neue Zeitschriftengeneration, welche die vormals populären moralischen Wochenschriften ablöst, dem geänderten Bedürfnis nach Varietät und Unterhaltung Rechnung. Während die Sittenschriften vorwiegend auf Belehrung durch Exempla und Wiederholung setzen, befriedigen die unter dem wenig präzisen Oberbegriff des »Unterhaltungsjournals« firmierenden Magazine den Leserwunsch nach thematischer Abwechslung: Poetisches wird hier ebenso geboten wie Alltägliches und praktische Information. Die gewandelte Lesererwartung zeitigt besonders seit den 1770er Jahren diesen auf Unterhaltung gestimmten Journaltyp, wonach zwischen 1766 und 1790 bereits 743 solcher Blätter gegenüber 264 Titeln zwischen 1741 und 1765 neu erscheinen.[56]

Mit den veränderten Rezeptionsmodi hängt schließlich auch die Herausbildung und Vermehrung des literatur- und theaterkritischen, ja des rezensierenden Zeitschriftentyps überhaupt zusammen, der in Friedrich Nicolais »Allgemeiner Deutscher Bibliothek« seine ehrgeizigste Ausprägung findet:

---

[56] Unter den 264 Titeln zwischen 1741 und 1765 dürften sich jedoch in der Hauptsache Sittenschriften befinden, die Kirchner zu dieser Zeit noch in die Rubrik der Unterhaltungszeitschriften einordnet, vgl. Kirchner (1931), T. 2, S. 337 ff. - zu Unrecht, wie Wolfgang Martens (1968) später feststellt, vgl. Anm. 24. So versuchen die Autoren moralischer Wochenschriften, ihr primär erzieherisches Anliegen allenfalls unterhaltsam einzukleiden. Erst in seiner 1969 erscheinenden Bibliographie trennt Kirchner, vielleicht als Reaktion auf Martens 1968 publizierte Habilitationsschrift, konsequent zwischen moralischen und unterhaltenden Zeitschriften. Vor diesem Hintergrund erfährt das Zahlenverhältnis 264:743 freilich einen anderen Wert, erscheinen doch zwischen 1766 und 1790 Kirchners Angaben zufolge, vgl. (1942), S. 273 f., lediglich 121 Sittenschriften neu, wobei diese Zahl gemessen an Martens Ergebnissen einigermaßen hoch gegriffen zu sein scheint.

Der universale Anspruch, alle wissenschaftlichen Neuerscheinungen in deutscher Sprache zu erfassen und kritisch auszuwerten, entspricht einer Lebensaufgabe von einheitsstiftendem Wert. In der »ADB« wird auf literarischer Ebene zusammengefügt, was auf politischer zerfällt, wird von Landesgrenzen abstrahiert und Deutschland als ein geistig-kulturelles Ganzes begriffen: *„Bei dem Fehlen eines politisch-kulturellen Zentrums in Deutschland ließ sich am ehesten noch die Zeitschrift zu einem überregionalen, gemeinschaftsbildenden Zentrum entwickeln, durch welche man auch an entlegenen Orten an der literarischen Kultur teilhaben konnte."*[57]

Ein gewandeltes Leseverhalten und das vermehrte Aufkommen fiktionaler Literatur, wissenschaftlicher Abhandlungen und Bücher[58] zeitigen seit Gottscheds »Beyträgen zur critischen Historie der deutschen Sprache, Poesie und Beredsamkeit« ein Journal des literaturkritischen Typs;[59] obliegt es doch den kritikfreudigen Zeitgenossen, das jüngste Schrifttum räsonierend zu begleiten und dabei literarästhetische Maßstäbe zu setzen. Als geeignetes Medium dieser Kritik erweist sich seit den 1740er Jahren zunehmend die Zeitschrift.

Gehen wir jedoch aus der Spätzeit der deutschen Aufklärung noch einmal zurück in deren Früh- und Hochphase, in jene Zeit also, da ausgeprägte Wiederholungslektüre zumeist religiös-erbaulicher Schriften von der Mehrzahl der Leser noch selbstverständlich praktiziert wird. Hier stellt sich die Frage nach den Motiven für den raschen Erfolg moralischer Wochenschriften, die neben den historisch-politischen Journalen (s. o.) für das breite, häufig auch weibliche Leserpublikum konzipiert sind, so daß einer ihrer legen-

---

[57] Wilke (1978), T. 2, S. 89.

[58] Es muß einen ursächlichen Zusammenhang geben zwischen dem vermehrten Aufkommen literarisch-kritischer Zeitschriften und der stetig wachsenden Buchproduktion im Bereich der „Schönen Künste und Wissenschaften", wonach deren Anteil an der Gesamtproduktion 1740: 5,83%, 1770: 16,43% und 1800: 21,45% beträgt. Eine Auswertung der Leipziger Ostermeßkataloge von 1740, 1770 und 1800 hat ergeben, daß 1740 immerhin 755, 1770 dann schon 1140 und 1800 schließlich 2569 neue Buchtitel verlegt werden, vgl. Jentzsch (1912), S. 314 ff. sowie Kirchners statistische Ergebnisse zu den literarisch-kritischen Zeitschriften (1931), T. 2, S. 334.

[59] Für Robert Prutz (1845/1971) beginnt der literaturkritische Journalismus allerdings schon mit Christian Thomasius' »Monatsgesprächen«. Von einer Mode dieses Zeitschriftentyps kann jedoch allenfalls seit den 1740er, besser noch, mit Blick auf Lessing, seit den 1750er Jahren gesprochen werden.

dären Vertreter, der Hamburger »Patriot«, in einer für damalige Verhältnisse sagenhaften Auflage von schätzungsweise 6000 Exemplaren erscheinen kann.

Rolf Engelsing hat auf die formalen Parallelen zwischen gängiger Wiederholungslektüre und der Rezeption periodischer Literatur hingewiesen: Rhythmische Erscheinungsweise (Periodizität) bei gleichbleibendem Titel und Titelblatt, fortlaufende Stückzählung und wiederkehrende Motti sowie der selten variierende Seitenumfang stiften in den Augen des Lesers ein hohes Maß an Kontinuität und erzeugen damit das Gefühl, man halte trotz wechselnder Texte an einer sich von Woche zu Woche, von Monat zu Monat wiederholenden Lektüre fest. Die Kontinuität der äußeren Form setzt sich inhaltlich fort durch die Umsetzung und Einhaltung des zumeist in der ersten Nummer verabredeten Programms, das sich thematisch und kompositorisch in den einzelnen Stücken ganz oder teilweise widerspiegelt. Hinzu kommt die auf Redundanz basierende Struktur moralischer Wochenschriften, die ein Thema mehrmals aufgreifen und allenfalls formal variieren.

Engelsings These folgend, entsprechen die kontinuitätsstiftenden Merkmale, zumal früher Periodika, noch weitgehend den Rezeptionsgewohnheiten des Publikums und rücken Journale wie die moralischen Wochenschriften noch ganz in die Nähe vertrauter Wiederholungslektüre. Die Periodika vermitteln dem Leser den Eindruck, als halte er an der ritualisierten Form des Lesens fest und sie mutieren auf diese Weise zu einer „institutionalisierten Lektüre", die „mit der Erbauungslektüre die Merkmale der Wiederholung und Regelmäßigkeit teilt".[60]

Darüber hinaus teilen die Sittenschriften mit der Erbauungsliteratur eine „didaktische Zielsetzung" und schrecken daher auch nicht vor einer „intensiven Leserlenkung"[61] zurück, die sich vorzugsweise in der intendierten Form des „exemplarischen Lesens"[62] überall dort Bahn bricht, wo Charaktertypen vorgeführt werden, die ähnlich den Heiligenlegenden das Gute personifizieren, während andere stellvertretend für das Schlechte, d. h. mittels Vernunft nicht Verifizierbare, stehen.

---

[60] Engelsing (21978), S. 133.
[61] Vgl. Sauder (21984), S. 269 f.
[62] Vgl. Schön (1987), S. 41

Gehen wir zur Ausgangsfrage zurück, um sie abschließend zu beantworten: Die bürgerlichen Sittenschriften haben es nicht schwer, sich beim Publikum beliebt zu machen, weil sie das etablierte Rezeptionsmuster, das mit den Begriffen Redundanz und Appell gekennzeichnet werden kann, fortschreiben.

Worin aber besteht die Leistung dieser frühbürgerlichen Zeitschriftengattung? Man hat sie vor allem in ihrem Beitrag zu einer neu entstehenden Lesekultur und einem veränderten Lesemodus erblickt. Allenthalben wird daher in der kritischen Literatur die historische Brückenfunktion der moralischen Wochenschriften zwischen erbaulicher und Schöner Literatur betont, so daß Wolfgang von Ungern-Sternberg sie sogar als „Leseschule des bürgerlichen Publikums" bezeichnet und in ihnen den medialen Hauptträger des Wandels von einem intensiven zu einem extensiven Leseverhalten erblickt: „Sie erzogen den Bürger zur ständigen, wechselnden Lektüre",[63] indem sie vor allem für das weibliche Publikum ganze Leselisten belletristischer Literatur erstellen,[64] aber auch selbst versuchen, unterhaltsam zu sein und sich daher in erzählerischen Fiktionen üben. So bieten die Sittenschriften, bedingt durch ihr konstantes wöchentliches Erscheinen, selbst Anlaß zu regelmäßiger Lektüre, weisen aber bereits über sich selbst hinaus: Die Verselbständigung des Lesepublikums in den 1770er Jahren geht zweifellos auf die Anfangsbemühungen der Wochenschriftenautoren zurück.

Die Klage darüber, daß die Menschen mehr Zeitschriften denn Bücher lesen (s.o.), erscheint nach den vorangegangenen Ausführungen nicht länger im Licht hysterischer Übertreibung: Der Geschmackswandel, das nachlassende Interesse an religiösen Stoffen vollzieht sich über die vermehrte Rezeption periodischer Literatur, insbesondere der moralischen Wochenschriften. In ihrer weltzugewandten Didaxe verdrängen die Sittenschriften schon bald die religiös-erbaulichen Texte und übernehmen „in mancher Hinsicht die Funktion der frühen Andachtsbücher".[65]

---

[63] von Ungern-Sternberg (21984), S. 142.

[64] Dahinter steht die in der Nachfolge von Gottsched verfochtene Auffassung, daß Literatur zur Verbreitung von Moral tauge und Dichtung eine „Schule der Tugend" sei, die dem gemeinen Mann, wie Gellert es einmal formuliert, „die Wahrheit durch ein Bild sagt". Die Fabel als episch-didaktische Gattung rangiert in der Gunst der frühen Wochenschriftenautoren folglich auch ganz vorn.

[65] Rau (1980), S. 355.

Indem die Sittenrichter es früh unternehmen, den ungeübten Leser beratend an die zeitgenössische Belletristik heranzuführen, kehrt sich das quantitative Verhältnis zwischen theologischem und poetisch-philosophischem Schrifttum zur Jahrhundertwende um: Seit 1740 steigt der Anteil poetischer und philosophischer Schriften an der Gesamtproduktion, während die bis dahin dominierende theologische Literatur in den folgenden Jahrzehnten stetig abnimmt, bis ihr Anteil 1800 auf 6% gegenüber immerhin noch 40,5% im Jahr 1735 geschrumpft ist. Zu Beginn des neuen Jahrhunderts haben Philosophie mit 39,6% und Poesie mit 27,3% ihren Anteil an der literarischen Gesamtproduktion deutlich ausgebaut und die Theologie von ihrem angestammten ersten Rang für alle Zeiten verdrängt.[66]

---

[66] Vgl. Goldfriedrich (1908), Bd.II, S. 16 ff., zitiert nach: Kiesel/Münch (1977), S. 200. Rudolf Jentzsch (1912) kommt bei etwas anderen Prozentsätzen abschließend jedoch zu dem gleichen Resultat, wonach die „Schönen Künste und Wissenschaften" die Theologie in der Buchproduktion zu Beginn des neuen Jahrhunderts endgültig auf den zweiten Platz verwiesen haben.

3. Forum der gelehrten Welt

Bevor ich auf die Funktion der Zeitschrift bei der Ausbildung einer publizistisch bestimmten bürgerlichen Öffentlichkeit eingehe, erscheint es geboten, auf die gelehrten Periodika hinzuweisen, von denen aus sich das europäische Zeitschriftenwesen beginnt zu entfalten und deren Herausgeber und Mitarbeiter sehr schnell den kommunikativen und diskursiven Wert des neuen Mediums erkennen.

Die gelehrte Zeitschrift etabliert sich während der zweiten Hälfte des 17. Jahrhunderts als transnationales Medium im Bewußtsein der europäischen Intelligenz.[67] Allein die Beifügung »gelehrt« verweist auf einen anderen und zahlenmäßig kleineren Rezipientenkreis als den der Sittenschriften oder gar der zeitgleichen historisch-politischen Journale. Die Adressaten solch gelehrter Blätter rekrutieren sich aus dem Bildungsbürgertum: Akademiker, Professoren und Privatgelehrte gehören zum engeren Leserkreis.

Als Foren der gelehrten Welt, in denen die Geistesaristokratie Europas fiktiv zusammenkommt, dienen Zeitschriften wie die »Acta Eruditorum« außer zur Bekanntgabe gelehrter Nachrichten vor allem der komprimierten Verbreitung neuester Literatur auf dem Gebiet der physikalischen, mathematischen und medizinischen Wissenschaften. Der Auftrag dieser frühen gelehrten Periodika besteht darin, die interessierte Leserschaft vor allem auch in strukturschwachen Teilen Europas, dort, wo es weder Messen, Bibliotheken noch Buchhandlungen gibt, über die Neuerscheinungen auf dem europäischen Buchmarkt zu informieren. Kritische Rezensionen einzelner Titel findet man in den frühen Vertretern dieses Zeitschriftentyps nur selten. Die Autoren sind vielmehr bemüht, die Buchinhalte ohne Einmischung des eigenen Urteils zu referieren und die Entscheidung über Kauf oder Ver-

---

[67] Als die erste gelehrte Zeitschrift in Deutschland gelten, nach dem Vorbild des französischen »Journal des Sçavans«, die »Acta Eruditorum«, die von Otto Mencke, dem Professor der Moral und praktischen Philosophie, seit 1682 in Leipzig herausgegeben werden. Dieses Periodikum steht noch ganz im Zeichen des barocken Polyhistorismus, dem es bekanntlich mehr um Wissensanhäufung als um kritische Selektion und Beurteilung geht. Das Journal bildet gleichwohl ein Forum für die neuere europäische Wissenschaftsliteratur, die meist kritiklos, nur dem Inhalt entsprechend, referiert wird. Auf Rezensionen »Schöner Literatur« verzichtet es ganz. Wie sein Titel ist der gesamte Text in lateinischer Sprache verfaßt. Einer der bekanntesten Mitarbeiter ist Gottfried Wilhelm Leibniz, aber auch Christian Thomasius gehört, bevor er eigene journalistische Wege geht, zu den Beiträgern.

zicht, über Zustimmung oder Ablehnung dem Interesse des Lesers zu überantworten.

Erst Thomasius führt in seinen »Monatsgesprächen«[68] das Moment der Kritik ein, so daß sich der Redakteur des »Hollsteinischen Correspondenten« Christian Friedrich Weichmann vierzig Jahre später auf die Leistung seines berühmten Kollegen berufen kann, wenn er die Aufgabe gelehrter Journalistik als eine selektiv-kritische begreift, die es dem Publikum ermöglichen soll, seine Lektüre bereits im Vorfeld auszuwählen: *„Gelehrte Zeitungen werden zu dem Ende ausgefertigt, daß man nicht allein von verschiedenen hier und dar heraus gekommenen oder unter Händen habenden Schriften die Titel erzähle; sondern daß auch dem Leser einiger Vorgeschmack von dem Wehrte und Tüchtigkeit derselben gemacht werde. Das erste ist am wenigsten nöthig, weil so wol die Leipziger Meß- als andere Catalogi hierin volle Gnüge thun. Das letzte aber wird man für desto nohtwendiger halten, weil nicht ein jeder, theils wegen Entfernung des Ortes, theils wegen Mangel der Buchläden die neuen Bücher vorher anzusehen Gelegenheit hat, oder, wenn auch dieses, doch nicht ein jeder dieselben nach ihrer Güte oder Unwürdigkeit so gleich zu beurtheilen vermag."*[69]

Thomasius indes hat sich mit Stimmen auseinanderzusetzen, in denen die Befürchtung laut wird, daß das Publikum angesichts solch kritisch-selektiver Literaturvermittlung auf Buchlektüre bald ganz verzichtet. Daß das kritische Rezensionswesen der Buchkultur durchaus förderlich sein kann, gibt der gelehrte Herr Benedict in der Februarausgabe der »Monatsgespräche« zu bedenken: *„Es sind ihrer nicht wenig der irrigen Meinung/als wenn es besser wäre/daß man dergleichen Journale gar nicht mache/weil die Leute sich nur begnügen/die extracte aus denselben zu lesen/die Bücher aber selbsten liegen liessen/und solcher Gestalt durch die Journale denen Buchführern nicht alleine ihre Nahrung entzogen würde/sondern es würden auch die Leute angewehnet/faul zu werden/und sich auff die Lesung dergleichen extracte zuverlassen. Wider dises judicium nun können die Journale, so sich der*

---

[68] Diese verkürzte Bezeichnung hat sich in der Literatur durchgesetzt, da der barocke und mehrmals abgewandelte Titel »Freimütige, lustige und ernsthafte, jedoch vernunftmässige Gedanken oder Monatsgespräche über allerhand, fürnehmlich aber neue Bücher« in seiner umständlichen Länge für den laufenden Text unhandlich ist.

[69] In: Die Zeitung (1967), S. 87.

kürtze befliessen/gar leichte antworten/daß vielmehr durch ihre excerpta die Leute die Bücher zu lesen angefrischt würden/wenn man ihnen durch eine kurtze relation das Maul wässerig machte/und sie anlockte/desto mehr Bücher zu kaufen/von welchen sie sonsten nicht einmahl etwas gewust hätten/wodurch die Buchführer auch desto mehr Vortheil haben."[70]

Thomasius kommt schließlich das Verdienst zu, den Wert der Journale als Sammelbecken diverser Urteile und als Organ kritischen Zeitgeistes erkannt und populär gemacht zu haben. Die »Monatsgespräche« bilden seinerzeit den einzigen Ort kritischer Auseinandersetzung mit der Schönen Literatur. Robert Prutz hat Thomasius denn auch als Begründer des literaturkritischen Journalismus eingehend gewürdigt und rechnet außer ihm nur noch Lessing zum „zweiten bahnbrechenden Gestirn am Himmel der deutschen Journalistik."[71]

Darüber hinaus bezeugt der erste Jahrgang der »Monatsgespräche«, daß Thomasius seine Leserschaft nicht nur belehren, sondern auch unterhalten will: Den gelehrten Stoff vertraut er fiktiven Personen an, die in Gesprächsform über allerhand Bücher und brisante Themen der Zeit miteinander kommunizieren.[72] Verstärkt wird die Fiktion durch die Einbettung der Dialoge in eine erdichtete Situation, eine gleichsam novellistische Rahmung: Mal ist es die Kutsche und mal das Wirtshaus, wo die Diskutanten zusammentreffen. Das dialogische Verfahren eröffnet dem Autor zudem die Möglichkeit, seine Themen polyperspektivisch zu entfalten, sie von verschiedenen Standpunkten aus zu betrachten und schließlich zu beurteilen: Zum erstenmal wird hier der Versuch unternommen, eine frühe Meinungspresse für den gebildeten Leser, d. h. für ein immer noch exklusives Publikum,[73] zu etablieren und Einfluß zu nehmen auf dessen Urteil.

---

[70] Thomasius (1688/1972), S. 234.

[71] Prutz (1851), S. 345.

[72] Thomasius kann sich bei der Vergabe fiktiver Gesprächsrollen zwar auf die in Fortsetzung erschienenen »Frauenzimmer-Gesprächsspiele« (1641/49) des Georg Philipp Harsdörffer berufen, doch den Kunstgriff der Einführung einer fiktiven Verfassergesellschaft, die er ironisch als »Gesellschaft der Müßigen« tituliert, nimmt Thomasius bereits in der ersten Nummer seiner »Monatsgespräche« den moralischen Wochenschriften vorweg, vgl. Martens (1968), S. 77 ff.

[73] Vgl. Raabe (1974), S. 101.

Thomasius' Anstoß, die gelehrten Periodika als kontrovers-kommunikative Foren zu begreifen, schlägt Wellen bis weit in das 18. Jahrhundert hinein und zeigt sich noch darin, daß die von Johann Friedrich Zöllner in der Dezember-Ausgabe der „Berlinischen Monatsschrift" von 1783 aufgeworfene Frage »Was ist Aufklärung?« im selben Organ von Moses Mendelssohn und Immanuel Kant öffentlich weiterdiskutiert wird.

4. Zeitschrift und Öffentlichkeit

Allenthalben wird der Zeitschrift in der kritischen Literatur eine wichtige Rolle bei der Vermittlung und Verbreitung aufklärerischen Denkens eingeräumt: *„Sie wurde im 18. Jahrhundert das geeignete Mittel, Ideen zu verbreiten und zu diskutieren"*,[74] heißt es, oder: *„Im literarischen Leben des 18. Jhds. besitzen die Zeitschriften einen ganz besonderen Stellenwert, ja sie entwickeln sich zum eigentlichen Organ der Aufklärung. Durch sie wurden die Gedanken der Aufklärung in eine breitere Öffentlichkeit getragen, denn die Aufklärung war keineswegs ein Selbstgespräch der Bildungselite, vielmehr sollten die kritischen, moralischen und pädagogischen Impulse der führenden Köpfe verbreitet und die Gesamtkultur verändert werden"*[75] und schließlich: *„Ein beliebtes und gelesenes Wochenblatt konnte mehr ausrichten als alle Bücher und alle Gesetze; es kam Leuten von allen Ständen in die Hände, wurde denen bekannt, die sonst ohne alle Lektüre waren, und war also das bequemste Vehikel, ihre Meynungen zu berichtigen und zweckmäßig zu leiten"*,[76] urteilen die Pädagogen J.H.C. Beutler und J.C.F. Gutsmuths.

Allen Zitaten liegt schließlich die Überzeugung zugrunde, daß die periodische Literatur prädestiniert sei, zentrale Inhalte geistig-kultureller Bewegung einer ungewöhnlich großen Zahl von Menschen zugänglich zu machen. Das Dringen auf Popularisierung ist eine logische Konsequenz des anthropozentrischen Weltbilds der Aufklärung, wonach *alle* Menschen an den lebensnützlichen Wahrheiten, am Wahren, Guten und Schönen partizipieren sollen; denn Wissen dient nicht länger einem Selbstzweck, sondern hat sich in den Dienst der Gemeinschaft zu stellen, muß mitteilbar werden, um wahrgenommen und von den menschlichen Verstandeskräften geprüft zu werden. So ist es kein Zufall, daß sich das Wort »Publikum«, welches jedoch „von Anbeginn ein Lesepublikum ist"[77] und somit exklusive Züge trägt, bald in aller Schriftsteller Munde befindet und nur in wenigen Vorreden und Texten des 18. Jahrhunderts fehlt.

---

[74] Ders., (1977), S. 145.
[75] Berghahn (1984), S. 34
[76] Beutler/Gutsmuths (1790), S. III.
[77] Habermas (1962/1991), S. 81.

Eine der vornehmsten Aufgaben der Aufklärer besteht demzufolge darin, den tradierten Rezipientenkreis, der sich zuvor, neben Adel und Klerus, allenfalls aus einer bürgerlichen Bildungselite rekrutiert, soziologisch zu erweitern. Daß es im langfristigen Interesse der Aufklärer liegt, alle Menschen, vor allem auch die von Bildungsstrukturen abgeschnittene ländliche Bevölkerung, in den Prozeß miteinzubeziehen, zeigt, wenn auch verspätet, das Engagement der Philanthropen im letzten Drittel des 18. Jahrhunderts.

Es mag im pragmatischen Denkansatz der Aufklärung begründet sein, daß Gelehrte, Kritiker und publizierende Gesellschaften in der Zeitschrift recht schnell das geeignete Medium zur Popularisierung ihrer Ideen, Meinungen und Überzeugungen erkennen. Dennoch ist die Zeitschrift im Verhältnis zum Buch kein eben preiswertes Medium: Die hohen Papierpreise am Jahrhundertende von etwa sechs Pfennigen der halbe und einem Groschen (12 Pf.) der ganze Bogen[78] gelten für beide Druckerzeugnisse ohne Unterschied. Es kann daher kaum verwundern, daß ein Journal durch viele Hände wandert und so mehr als einen Leser findet, oder daß die sich in der zweiten Jahrhunderthälfte konstituierenden Lesegesellschaften neben Büchern vor allem Zeitschriften abonnieren und ihren Mitgliedern auf diese Weise einen günstigen Zugriff auf unterschiedliche Titel ermöglichen.[79]

Die Qualität periodischer Literatur besteht vor allem in deren topographischer, temporärer und thematischer Mobilität und Flexibilität. Schon die Zeitgenossen erkennen, daß die Journale als Medien, die schneller geschrieben, gedruckt und verteilt sind, weniger unter der Schwerfälligkeit leiden, die für das Buch damals noch typisch ist.[80] Autoren, auch weniger bekannte, können hier ihre Ideen und Gedanken schneller, kürzer und pointierter in Umlauf setzen, ohne sich jedesmal auf die mühsame Suche nach einem neuen Verleger begeben zu müssen.[81] Allen voran die Kritiker schätzen die-

---

[78] Goldfriedrich (1909), S. 93

[79] Vgl. Welke (1977), S. 74 f.

[80] Im Gegensatz zum Buch, dessen Vertrieb hauptsächlich über die Verlagsbuchhandlungen organisiert ist, werden Zeitschriften häufiger auch auf dem Postwege von Postmeistern vertrieben. Dadurch erhöht sich der Verteilungsradius der Periodika, die auf diese Weise selbst in strukturschwache, ländliche Gebiete ohne Buchhandlungen o. ä. vordringen.

[81] Viele Autoren, die uns heute durch ihre dramatische, lyrische oder epische Kunst bekannt sind, waren häufig Dichter und Journalisten in einer Person, waren selbst Herausgeber oder Beiträger von Zeitschriften, weshalb man das 18. Jahrhundert auch mit dem Terminus des

ses Medium, versetzt es sie doch in die Lage, spontan zu agieren und zu reagieren, weshalb die meisten gelehrten Fehden, wenn nicht in privaten Briefwechseln, dann zumeist in Zeitschriften und somit öffentlich ausgefochten werden: So kontern die abtrünnigen Gottschedianer in ihren »Bremer Beiträgen«, Lessing polemisiert gegen Gottsched in den »Briefen, die neueste Litteratur betreffend«, und Nicolai greift öffentlich in den auf Klotz und Raspe zugespitzten Gelehrtenstreit ein - wo anders, als in der von ihm herausgegebenen »Allgemeinen Deutschen Bibliothek«.[82] Hans Erich Bödeker verweist implizit auf solche Beispiele, wenn er urteilt, daß sich *„im Medium der Publizistik das öffentliche Gespräch der Aufklärer vollzog"*.[83]

Die Zeitschrift erweist sich schließlich als ein von Autoren und Lesern gleichermaßen akzeptiertes mobiles Medium, das am ehesten geeignet ist, den Zeitgeist populär zu machen, d.h., eine vormals auf kleine esoterische Zirkel beschränkte Öffentlichkeit zu einer publizistisch bestimmten Öffentlickeit mit breiterer Streuung auszuweiten. Die ursprünglichen Institutionen einer sich sukzessive ausbildenden bürgerlichen Öffentlichkeit[84] sind soziokulturelle Einrichtungen: in England das Kaffeehaus, in Frankreich der Salon und in Deutschland diverse Aufklärungsgesellschaften, angefangen von den gelehrten Sprachgesellschaften bis hin zu den gemeinnützigen Sozietäten.[85] In diesen kommunikativen Zirkeln organisiert und etabliert sich zunächst eine „permanente Diskussion unter Privatleuten", die sich unter dem kollektiven Begriff des Publikums zusammenschließen und in latente Opposition treten zur repräsentativen, an den Hof und die Person des Fürsten gebundenen Öffentlichkeit. Dieses „Publikum versammelter Privatleute" bildet schließlich die Keimzelle der sich während des 18. Jahrhunderts etablierenden bürgerlichen Öffentlichkeit. Im Deutschland der Frühaufklärung besitzen die vorwiegend noch „esoterischen Sozietäten",[86] in denen sich vorwie-

---

»schriftstellerischen Journalismus« belegt hat. Zu diesem weiten Personenkreis rechnen u.a. Barthold Heinrich Brockes als Mitherausgeber des »Patrioten«, Bodmer und Breitinger, Gottsched und Lessing, Nicolai und Mendelssohn, Wieland, Schiller, Goethe und zuletzt die Brüder Schlegel.

[82] Vgl. Hallo (1934), S. 55.
[83] Bödeker (1987), S. 92
[84] Vgl. Habermas (1962/1991), S. 69 ff.
[85] Vgl. van Dülmen (1986) und Im Hof (1982).
[86] Vgl. Manheim (1933/1979), S. 99 ff.

gend die Bildungselite zu einem exklusiven Kreis zusammenfindet, bestenfalls Sprecherfunktion für das größere Publikum. Hier wird Öffentlichkeit „noch weitgehend unter Ausschluß der Öffentlichkeit antizipiert."[87] Gesellschaftliche Kommunikation erfolgt in diesen frühen bürgerlichen Institutionen, wenngleich schon unter dem Signum der privaten Öffentlichkeit,[88] eben doch noch im sehr kleinen Kreis. Publizität erlangen die dort geführten Diskussionen erst, als sie durch Verschriftlichung und Verteilung einem größeren Personenkreis zugänglich gemacht werden. Das geschieht exemplarisch zunächst in England durch die Herausgabe des »Tatlers« und des »Spectators«, deren Dialoge und Themen nicht selten aus dem Umfeld des Kaffeehauses stammen und deren kollektiver Protagonist eine fiktive Clubgesellschaft ist. In Deutschland ist es die Hamburger Patriotische Gesellschaft (seit 1724), die mit der Herausgabe des »Patrioten«, der erfolgreichsten deutschsprachigen Sittenschrift, ihren zunächst privaten Diskurs populär macht. Ähnlich sehen die Strukturen aus, die zum Erscheinen der »Discourse der Mahlern« führen: Diese, im Gegensatz zum »Patrioten«, vor allem auch an literarischen Fragen orientierte Sittenschrift geht, wie ihr Titel bereits andeutet, aus Diskussionen hervor, die seit 1721 in der Züricher Gesellschaft geführt werden.

So erweisen sich die moralischen Wochenschriften nicht allein hinsichtlich der Lesererziehung als schrittmachend; ihre Autoren unternehmen auch erste Schritte in Richtung auf die Popularisierung von Themen und die Rekrutierung eines bürgerlichen Publikums jenseits der Sozietätsgrenzen, was ihrem Anspruch, der weltlichen Glückseligkeit und dem allgemeinen Wohl zu nützen, entspricht. Ihre Moraldiskurse tragen überdies den Keim,

---

[87] Habermas (1962/1991), S. 95

[88] Ein auf den ersten Blick paradoxer Zusammenschluß zweier gegensätzlicher Begriffe, der nur verständlich wird, wenn man erinnert, daß der Bürger ohne politisches Amt im absolutistischen Staat als Privatmann gilt. Das städtische Leben der Bürger gehört offiziell der privaten Sphäre an, während das Leben am Hof öffentlichen Charakter besitzt. Im Schatten seiner staatlich oktroyierten Privatheit bildet das Bürgertum jedoch nach eine kommunikative Kultur aus, in der es zunächst sich selbst, später jedoch auch die staatlichen Strukturen und das politische System thematisiert. »Bürgerlich« ist diese Öffentlichkeit in zweierlei Hinsicht: Die sich herausbildenden und immer komplexer werdenden Kommunikationsstrukturen - in diesem Zusammenhang sei allein auf die Ausdifferenzierung des Zeitschriftenwesens verwiesen - sind Schöpfungen des städtischen Bürgertums. Zugleich rekrutiert sich der Adressatenkreis vorwiegend aus Angehörigen des dritten Standes, die über hinreichend Bildung verfügen. So handelt es sich von Anfang an um einen vorwiegend selbstreferenziellen Prozeß, den Kant gemeint haben könnte, als er die Möglichkeit des sich selbst aufklärenden Publikums betonte, vgl. Immanuel Kant (1784/1974), S. 10.

aus dem sie zu einer öffentlichen Meinung wachsen, bereits in sich und laden sich in latenter Opposition zum höfischen Etikette-Verhalten politisch auf: *„Die Selbstgewißheit des moralischen Innenraums liegt in seiner Fähigkeit zur Publizität. Der Privatraum weitet sich eigenmächtig zur Öffentlichkeit aus, erst in ihrem Medium erweisen sich die persönlichen Meinungen als Gesetz."*[89]

Am frühen Beispiel der Sittenschriften läßt sich die Vehikelfunktion der Zeitschrift bei der Transformierung einer zunächst privat bestimmten in eine publizistisch bestimmte bürgerliche Öffentlichkeit sinnfällig aufzeigen: Die Wochenschriften transportieren den bürgerlichen Diskurs aus der begrenzten Öffentlichkeit des Zirkels in die unumschränkte Öffentlichkeit der Gesellschaft und verleihen ihm dadurch erst jene Publizität, die nötig ist, um ihn als öffentliche Meinung von Privatleuten zu identifizieren.

Aus Kants Formulierung geht hervor, daß mit dem Begriff der »Aufklärung« ein prozessualer Akt bezeichnet wird, in dem der Mensch lernt, sich über den Gebrauch der ihm wesensmäßigen Vernunftskräfte von tradierten Autoritäten zu befreien. »Aufklärung« bezeichnet noch keinen Zustand, sondern einen vorerst nicht abgeschlossenen, über die Epoche hinausweisenden Denk- und kommunikativen Handlungsprozeß, an dessen Ende sich hoffnungsvoll das „aufgeklärte Zeitalter" abzeichnet: *„Wenn denn nun gefragt wird: Leben wir jetzt in einem aufgeklärten Zeitalter? so ist die Antwort: Nein, aber wohl in einem Zeitalter der Aufklärung."*[90]

Der prozeßhafte Charakter der (deutschen) Aufklärung, den auch Rudolf Vierhaus betont, wenn er von einer überwiegend „literarisch-philosophischen Bildungsbewegung"[91] spricht, spiegelt sich in der sukzessiven Ausbildung moderner Kommunikationsstrukturen wider: Der Buch- und Zeitschriftenmarkt, das Verlags- und Vertriebswesen entwickeln, profilieren und professionalisieren sich recht eigentlich erst in diesem Jahrhundert. Daneben schlägt eine Institution Wurzeln, die sich dann besonders im 19. Jahrhundert entfalten wird: das Club- und Vereinswesen.

Wie die meisten kulturellen und politischen Bewegungen der Folgezeit verfügt auch die Aufklärung über eine Gruppe von Intellektuellen oder »phi-

---

[89] Koselleck (61989), S. 44.
[90] Kant (1784/1974), S. 11.
[91] Vierhaus (1982), S. 32.

losophes«,[92] deren Impulse den einmal in Gang gekommenen gesellschaftlichen Diskurs weiter forcieren. Vor diesem Hintergrund erkennt August Ludwig Schlözer, zumal als Kritiker des aufgeklärten Absolutismus, die Macht der Medien und betrachtet die Presse, dieses *„göttliche Geschenk"*, als geeignetes Mittel, *„Ideen zu verewigen und die Eroberung der Vernunft ins Unendliche fortzusetzen"*, als ein *„Zaubermittel, das dem in seinem Zimmer unbemerkt Meditierenden in einem Augenblick hunderttausende Zuhörer und Schüler verschafft."*[93]

Am Jahrhundertende hat sich bei den »philosophes« offensichtlich der Gedanke durchgesetzt, daß sich Aufklärung nur in den gewandelten Strukturen einer vom Bürgertum getragenen Öffentlichkeit behaupten kann. So formuliert Kant, daß *„zu dieser Aufklärung aber nichts erfordert wird als Freiheit; und zwar die unschädlichste unter allem, was nur Freiheit heißen mag, nämlich die: von seiner Vernunft in allen Stücken öffentlichen Gebrauch zu machen".*[94]

Fassen wir zusammen: Die beginnende Konstituierung einer bürgerlichen Gesellschaft im Zeitalter der Aufklärung geht einher mit der Ausbildung moderner kommunikativer Strukturen. Als „Pendant zur Obrigkeit"[95] und in latenter Konkurrenz zur repräsentativen Öffentlichkeit des Souverän bildet sich eine noch lange vom gehobenen Bürgertum, von Geschäftsleuten und Akademikern[96] getragene Öffentlichkeit aus, die, bedingt durch die Entfaltung des Pressewesens, zunehmend publizistisch geprägt ist. Diese bürgerliche Öffentlichkeit, die sich in Deutschland erst in Betrachtung der revolutionären Ereignisse im Nachbarland Frankreich beginnt, politisch aufzuladen, ist zunächst vor allem interessiert an kulturellen, philosophischen und patriotischen Fragen. Publizistischer Ausdruck frühbürgerlicher Selbstbespiegelung und der Ablehnung höfischer Etikette[97] ist die Sittenschrift. Insgesamt erweist sich die Zeitschrift, neben den Sozietäten, den Uni-

---

[92] Roy Porter (1991) subsumiert unter diesem Begriff sämtliche „Protagonisten der Aufklärung", vgl. S. 11.
[93] Schlözer (1793), S. 153.
[94] Kant (1784/1974), S. 11.
[95] Habermas (1962/1991), S. 76.
[96] Ebd., S. 139.
[97] Vgl. Elias (1969/1983), S. 120 ff.

versitäten, den Theatern und Messen, als wichtigstes Medium auf dem Weg zu einer vergleichsweise breiten, von einem bürgerlichen Publikum getragenen Öffentlichkeit.

Wenn wir »Aufklärung« als einen gesamtgesellschaftlichen Bewußtwerdungs- und Handlungsprozeß verstehen, „ist Öffentlichkeit eine zentrale Dimension",[98] bedarf es allgemein zugänglicher Foren und Medien als Institutionen der Information, der Kritik und der standesübergreifenden Kommunikation. Insofern ist das Journalwesen ein zeittypisches Produkt, geboren aus dem auf Verbreitung dringenden Ideengut der Aufklärung, aus jenem vom Naturrecht abgeleiteten Glückseligkeitspostulat, woran alle Menschen partizipieren sollen.

---

[98] Maurer (1987), S. 73.

II. Ein »Zuschauer« in der Residenz

Problemaufriß

Im ersten Teil wurde bereits darauf hingewiesen, daß die deutschen moralischen Wochenschriften ein englisches Vorbild haben, den »Spectator«, der zwischen 1711 und 1712 von Joseph Addison und Richard Steele in London herausgegeben wird, seit 1714 in einer unvollständigen französischen Übersetzung als »Spectateur ou le Socrate Moderne« auf dem Kontinent Verbreitung findet[99] und erst 1739 vollständig aus dem Englischen von der Gottschedin übersetzt wird.[100] Die Vokabel »Zuschauer«, wie diese den Originaltitel (»The Spectator«) in deutsche Sprache überträgt, wird seither häufig gleichbedeutend mit Sittenschrift oder moralischer Wochenschrift verwendet, ja, avanciert bisweilen zur Bezeichnung der gesamten Gattung.[101]

Mit der Betitelung seiner Wochenschrift als einem »Zuschauer« stellt Raspe diese folglich in eine Traditionslinie mit dem englischen Prototyp und dessen deutschsprachigen Nachkommen, darunter dem »Patrioten«, den »Discoursen der Mahlern«, den »Vernünftigen Tadlerinnen«, die allesamt zu den „gelungensten Exemplaren" ihrer Gattung zählen.[102] Raspe geht damit zugleich die Verpflichtung ein, sich inhaltlich und formal an dem Periodikum seiner Gewährsmänner Addison und Steele und dessen Nachfahren auf dem Kontinent zu orientieren; denn mehr als irgendein anderer Zeitschriftentitel besitzt die Benennung als »Zuschauer« Signalwirkung und evoziert bei den belesenen Zeitgenossen ein konventionalisiertes thematisches und formales Programm mit gattungsbegründendem Charakter.[103] »Zuschauer« als zentraler

---

[99] Vgl. Rau (1980), S. 151 ff.
[100] Ebd., S. 171 f.
[101] Vgl. Martens (1968), S. 26.
[102] Vgl. Schneider (1976), S. 66.
[103] Wolfgang Martens, der in seiner Habilitationsschrift »Die Botschaft der Tugend« das Ziel verfolgt, den Gattungscharakter der moralischen Wochenschriften nachzuweisen, benennt als ein typisches Merkmal der Sittenschriften das ihnen von Anfang an innewohnende Gattungsbewußtsein: Sehr schnell fühlt man sich einer „literarischen Familie" zugehörig und akzeptiert den englischen „Spectator" als eine Art Urvater. Dieses frühe Gattungswollen erfolgt gleichsam induktiv über das Bekenntnis zu einem Archetypus, den man zum Vorbild für das eigene publizistische Streben erklärt, vgl. Martens (1968), S. 27 und Hempfer (1973), S. 132 f.

Begriff im Titel einer Wochenschrift ist aufgrund seiner literarhistorischen Bezüge konnotiert und darf auf den ersten Blick als Bekenntnis des Herausgebers zu einem tradierten inhaltlichen und formalen Textschema gewertet werden.

Dennoch können wir die Zugehörigkeit des »Casselschen Zuschauers« zur Gattung der moralischen Wochenschriften nicht ungeprüft voraussetzen, zumal dann nicht, wenn die allgemeine Entwicklung des deutschen Zeitschriftenwesens dagegen zu sprechen scheint. Im zweiten Kapitel des ersten Teils wurde das Phänomen eines sich sukzessive wandelnden Leseverhaltens skizziert, das vermehrt seit den 1770er Jahren einen neuen Zeitschriftentyp, das auf Abwechslung und Unterhaltung gestimmte Magazin, zeitigt, hinter dem die auf Redundanz bedachten, erziehlichen Sittenschriften in der Publikumsgunst allmählich zurücktreten.[104]

Halten wir uns zudem vor Augen, daß mit den siebziger Jahren eine Periode des Gefühlskults und ungezügelter Individualität einsetzt, wofür J.W. Goethes Briefroman »Die Leiden des jungen Werthers« beispielhaft steht: Neben der Kritik an der bürgerlichen Gesellschaft zeitigt dieser Text den Durchbruch zu einer zweckfreien Dichtung, die, was von manchen Zeitgenossen unglücklicherweise mißverstanden wird, gerade nicht, wie die meisten Texte zuvor, auf Belehrung und Erziehung aus ist. Der Habitus der »jungen Wilden«, die Gesellschaftskritik der »Stürmer und Dränger« verträgt sich weder mit dem rationalistischen Menschenbild der Aufklärung, welche vor allem auf die Anleitung der natürlichen Vernunftskräfte vertraut, noch mit dem Ziel, das Individuum dadurch in die bürgerliche Gemeinschaft zu integrieren.

Eine Zäsur innerhalb der Erfolgsgeschichte deutschsprachiger moralischer Wochenschriften markiert zudem bereits die Polemik G.E. Lessings gegen den in Kopenhagen erscheinenden »Nordischen Aufseher« (1758-1760) und dessen Herausgeber J.A. Cramer. Dabei formuliert der Kritiker schon 1759 in seinen Literaturbriefen (Nr.48-51) unverhohlen Mißfallen gegenüber der Sittenschriften-Mode allgemein, die seit den 1720er Jahren floriert und ihren Zenit dreißig Jahre später offensichtlich überschritten hat:

---

[104] Wolfgang Martens (1968) lokalisiert den Zeitpunkt beginnender Gattungsauflösung bereits in den 1750er Jahren, vgl. S. 91 ff.

„Die grossen Lobsprüche, welche der nordische Aufseher in so manchen öffentlichen Blättern erhalten hat, haben auch meine Neugierde gereizet. Ich habe ihn gelesen; ob ich mir es gleich sonst fast zum Gesetze gemacht habe, unsere wöchentliche Moralisten ungelesen zu lassen", gesteht Lessing gleich zu Beginn des 48. Briefes.

Vor diesem allgemeinen Hintergrund muß Raspes publizistisches Unternehmen dreizehn Jahre nach dieser Polemik geradezu anachronistisch erscheinen, selbst wenn er sich damit nicht allein findet: Beim Auswerten der beiden bis heute vollständigsten und zudem differenziertesten Bibliographien zu den deutschsprachigen moralischen Wochenschriften[105] fällt auf, daß sich in der zweiten Jahrhunderthälfte Zeitschriften, die das Zauberwort »Zuschauer« im Titel führen, häufen. Anders allerdings als bei dem englischen Vorbild, dem »Spectator«, wird hier das Substantiv durch eine ortsbezogene Beifügung, die den lokalen oder regionalen Rahmen absteckt und damit dem deutschen Partikularismus Rechnung trägt, noch einmal spezifiziert: »Der Leipziger Zuschauer« (1759), »Der Zuschauer von Leipzig« (1765), »Der Berlinische Zuschauer« (1769), »Thüringischer Zuschauer« (1770), »Der Erzgebirgische Zuschauer« (1773), »Der neue deutsche Zuschauer« (1789-1791). Zwar zeichnen sich andere Sittenschriften auch jetzt noch durch ihre originellen, sprechenden und daher einprägsamen Titelgebungen aus, die über Gesinnung und Charakter des fiktiven Verfassers Aufschluß geben: »Der Hypochondrist« (1762), »Der Trotzkopf« (1762), »Der Glückselige« (1763-1768), »Der Freymüthige« (1765), »Der Mann ohne Vorurtheil« (1765-1767), »Der Eremit« (1767) etc.; parallel dazu zeichnet sich jedoch eine regelrechte »Zuschauer«-Nostalgie ab, neigen offenbar, wie wir sehen, andere Herausgeber vermehrt dazu, sich bereits im Titel auf den englischen Prototyp aller nachfolgenden Sittenschriften auf dem europäischen Kontinent und in Nordamerika zu berufen.

Dabei sind nach Martens, der die Gattungseigenschaften aus homogenen Strukturprinzipien, inhaltlichen und formalen Übereinstimmungen unter den deutschsprachigen Sittenschriften deduziert, immerhin fünf der oben aufge-

---

[105] Vgl. Oberkampf (1934) und Martens (1968).

führten »Zuschauer« nur bedingt dem Typus der moralischen Wochenschrift verpflichtet, gelten als solche im „weiteren Sinne".[106]

Weniger die konsequente Befolgung des vom »Spectator« abgeleiteten Programms als die Verflüchtigung normativer Verbindlichkeiten, ja Gattungsgesetzlichkeiten ist damit offenbar kennzeichnend für die deutschen »Zuschauer« der zweiten Jahrhunderthälfte. Das bereitwillige Sicheinreihen in die Gattungsfamilie durch das Bekenntnis zum englischen Vorbild an markanter Textstelle erscheint sodann vordergründig und wie zum Topos erstarrt, wenn andererseits Gattungstypisches, formale und inhaltliche Momente einer zunehmend laxen Handhabung zum Opfer fallen sollten. Die einstmals loyalitätsbindende Konfession moralischer Wochenschriften mutiert, wenn man Martens Kategorisierung voraussetzt, im Laufe der Jahrzehnte offensichtlich zu einer Konvention mit Referenzcharakter.

Schon recht früh beklagt J.F. Schütze in seinem Aufsatz[107] den Widerspruch zwischen Titelgebung, Gehalt und Einkleidung und kritisiert den profanen Geschäftssinn mancher Herausgeber: *„Manche derselben führen blos den Namen ohne die That. Manchen sieht man es schon an der Stirne, dem Titelblatte an, daß sie auf ganz etwas anders als Sittengeschichte, Sittenmalerei und Sittenbesserung ausgiengen, und oft etwas anders als der Loktitel vermuthen lies, im Schilde führten. Manche behandelten unter dem, freilich auch dazu nicht ganz unpassenden Titel geschichtliche Gegenstände, neuere Staatengeschichte und Politik, manche flochten ganz heterogene Gegenstände mit der Weidruthe des Beschauens zusammen. (...) Es konnte nicht fehlen, daß der englische Spektator, der sich so leicht in einen deutschen Zuschauer übersezzen lies, auch in Deutschland seine Liebhaber finden würde: Autoren die ihren Schriften durch ihn einen Reiz, ein Relief zu geben suchten. Die Erinnerung an ein englisches Meisterwerk sollte an die Titel und durch diesen an das Buch zur Einsicht und Lesung desselben oder auch nur, (dem Bücherspekulanten hinreichend) zum Ankauf reizen."*

Sowohl die Klassifizierung des »Casselschen Zuschauers« als „Grenzfall", als Wochenschrift, die nur noch „lose eine Verwandtschaft mit der Gattung erkennen" läßt und „bereits auf dem Übergang zu anderen Zeitschriftenar-

---

[106] Vgl. Martens (1968), S. 548 ff.

[107] »Über einige Schriften, welche den Titel Zuschauer führen«, in: Deutsches Magazin, 1799, 18.Bd., S. 449-464.

ten"[108] steht, als auch die allgemeinen Zeit- und Geschmacksverhältnisse lassen demnach die Einbeziehung des Kasseler Wochenblatts allein aufgrund seines Titels in die große Familie der moralischen Wochenschriften nicht zu. Der Widerspruch zwischen der Benennung als »Zuschauer« und dem Martens'schen Diktum, das Raspes Wochenschrift die spectatorische Veranlagung weitgehend abspricht, kann erst aufgelöst werden durch eine genauere Betrachtung der Thematik und formalen Komposition, die den »Casselschen Zuschauer« in seiner Gestalt festlegen. Dabei muß sich zeigen, ob Raspe seiner Zeitschrift tatsächlich ein Gepräge verleiht, das es rechtfertigt, dieses Journal als Grenzfall einzustufen.

Kritisch zur Methode anmerken möchte ich zuvor noch dies: Sich an Martens' Gattungsbestimmung zu orientieren, erscheint beinah unausweichlich, weil sich diese in der kritischen Literatur der Folgezeit durchgesetzt hat. Es gibt, so weit ich die Sekundärliteratur zum Zeitschriftenwesen und speziell zu den moralischen Wochenschriften überblicken kann, keinen Autor, der nach 1968 auf eine Anrufung der Autorität »Martens« verzichtet. Dabei leiden Untersuchungen, die aus einem historisch bedingten, heterogenen Phänomen im nachhinein eine in sich stimmige, einheitliche Erscheinung machen wollen, damit klare Kategorisierungen möglich werden, immer unter der Schwäche, „Abgrenzungskriterien vielleicht etwas eng" zu fassen, um dadurch „einen klar definierten Idealtypus der Gattung" zu gewinnen.[109]

In dieser Hinsicht unterliegt auch die Studie Wolfgang Martens' dem Rasenmäherprinzip: Selbst die vom Autor in die engere Wahl gezogenen Sittenschriften sind durchaus nicht alle identisch, sondern unterscheiden sich inhaltlich und formal zumindest graduell voneinander. So sind die »Discourse der Mahlern« in ihrer frühzeitigen Schwerpunktsetzung auf Fragen der Poetik und des Literaturgeschmacks sicherlich verschieden vom Hamburger „Patrioten«, der sich in erster Linie um handfeste Anomalien frühbürgerlichen Lebensstils kümmert. Dem ehrgeizigen Anliegen, eine der zweifellos wichtigsten Aufklärungszeitschriften nunmehr als Gattung aus der Taufe zu heben, ist eine umfassende Differenzierung innerhalb dieser großen Familie zum Opfer gefallen: An dieser Stelle muß Martens kapitulieren - ver-

---

[108] Vgl. Martens (1968), S. 548 ff.
[109] Vgl. Jacobs (1976), S. 230.

ständlich angesichts der Stoffülle, die er zu bewältigen hat. Doch das bloße Inerwägungziehen von Typenbildungen innerhalb der Gattung wäre dem historischen Phänomen sicherlich näher gekommen als die nebulös bleibende und einem groben Raster verpflichtete Unterscheidung zwischen echten moralischen Wochenschriften, moralischen Wochenschriften im weiteren Sinne und solchen, „die nur eine lose Verwandtschaft mit der Gattung erkennen lassen".[110]

So gesehen hat Martens mit seiner wenngleich richtungsweisenden Studie das letzte Wort noch nicht gesprochen, legt er doch das Gewicht innerhalb seiner Untersuchung hauptsächlich auf die bekannten und bekannteren Sittenschriften handelsbürgerlicher Metropolen, für die nicht selten bereits Einzeluntersuchungen vorliegen. Hinzu kommt, daß für den Autor die fiktive Verfasserschaft und die „Pflicht zur Annahme eines Charakters"[111] zum kardinalen Charakteristikum der Gattung avanciert. So ist für ihn das dezente Auftreten eines Sittenrichters bereits hinreichend Indiz, um die Gattungszugehörigkeit der Wochenschrift in Frage zu stellen oder gar zu bestreiten. Die Anonymisierung des fiktiven »Ich« hält er für ein typisches Merkmal jener Sittenschriften, die vergleichsweise spät ins Leben gerufen werden und den allgemeinen Auflösungstendenzen der Gattung bereits Rechnung tragen.

Anomalien resultieren somit aus gattungsgeschichtlichen Ursachen, nie hingegen aus strukturellen Besonderheiten des außerliterarischen Umfelds. Dabei könnten gerade diese verantwortlich sein dafür, daß manche Sittenschrift erst so spät erscheint oder in ihrer Gestalt der von gesellschaftlichen Rahmenbedingungen abstrahierenden Norm nicht vollkommen entspricht. Zumal in Deutschland, dem Ort territorialer Vielfalt, scheint es geboten, Zeugnisse bürgerlichen Geistes auch immer im Kontext der jeweilgen gesellschafts-politischen und kulturellen Verhältnisse zu betrachten: So wenig homogen nämlich die sozialen, kulturellen, religiösen und politischen Zustände innerhalb des deutschen Reichs sind, so unterschiedlich artikulieren sich auch die öffentlichen Stimmen, die doch im wesentlichen immer zugleich Resultat und Spiegelbild ihres unmittelbaren Umfelds sind.

---

[110] Vgl. Martens (1968), S. 548.
[111] Ebd., S. 33ff.

An dieser Stelle soll die nachfolgende Untersuchung einhaken, handelt es sich bei Raspes Wochenschrift, dem »Casselschen Zuschauer«, doch nicht um das Organ einer ausgesprochenen Bürgermetropole, sondern um das Journal einer deutschen Residenzstadt. Martens geht auf diesen Aspekt nicht weiter ein, stellt statt dessen lakonisch fest, daß „Städte mit fürstlichen Residenzen als Erscheinungsorte für Wochenschriften ohnehin in der Minderzahl sind"[112] und daher einer genaueren Bestandsaufnahme offenbar nicht bedürfen. Der pauschale Charakter der Martens'schen Untersuchung wird hier immerhin augenfällig.

Für die Typisierung des »Casselschen Zuschauers« bedeutet dies, daß die Wochenschrift zwar vor der Folie Martens'scher Bestimmungsmerkmale gesehen werden muß, daß jedoch Abweichungen hiervon, solange sie dem intentionalen Grundcharakter moralischer Wochenschriften nicht zuwiderlaufen,[113] allein kein ausreichendes Kriterium darstellen, um die Zeitschrift aus der Familie der Sittenschriften auszuklammern. Dieser Überzeugung läge zudem ein geweiteter, weniger regider Begriff zugrunde, der *Gattung* als „historisches Textkorpus" und nicht als einen „festen Kanon, dessen Regeln realisiert oder nicht realisiert werden", begriffen haben will.[114]

Nun könnte man freilich einwenden, daß sich Raspe mit seinem rückwärtsgewandten Bekenntnis zum englischen Ahnherren, noch dazu an pointierter Stelle, die Regeln, die er einzuhalten gedenkt, schließlich selbst vorschreibt. Nur, wenn auch nicht im Titel, so doch im Programmteil, haben sich akzeptierte Sittenschriftenautoren wie Bodmer und Breitinger (»Discourse der Mahlern«), aber auch Gottsched (»Der Biedermann«) ebenso auf die Journale Addisons und Steeles berufen, um ihren Wochenschriften hiernach ein individuelles Gepräge zu verleihen. Zwar erscheint die regelmäßige Anrufung des Ahnherren mehr als nur ein Topos zu sein, doch das sklavische Festhalten an dem vom Prototyp vorgezeichneten Inhalt und dessen

---

[112] Ebd., S. 343.

[113] „Die Moralische Wochenschrift ist begriffen als ein Organ, das die allgemeine Orientierung des Lesers lenken, sein Bewußtsein, seine Lebensanschauung formen und verändern kann. Ihr ist damit eine Funktion zuerkannt, die den gelehrten und den historisch-politischen Zeitschriften ebenso wie den zeitgenössischen Zeitungen fremd war", verdichtet Martens (1968) den pragmatischen Konsens der Gattung, S. 169.

[114] Zum Evolutionsgedanken im Gattungsbegriff der russischen Formalisten vgl. Hempfer (1973), S. 98 f.

Einkleidung kann, auch wenn es der Titel »Zuschauer« signalisieren möchte, nicht Sinn und Zweck moralischer Wochenschriften sein. Bereits Friedrich Sengle hat in seiner »literarischen Formenlehre« darauf hingewiesen, daß „die Gattungsreinheit wie die Berufung auf die höhere Gattung zu den zweifelhaftesten Wertungskriterien gehört."[115]

Beginnen wir jedoch mit der Explikation jener Parameter, die Wolfgang Martens als konstitutiv für die Gattung der moralischen Wochenschriften erachtet.

---

[115] Sengle (21969), S. 25.

1. Zum Gattungsprofil moralischer Wochenschriften

Wolfgang Martens hat in Anknüpfung an jene 1934 veröffentlichte Dissertation von Walter Oberkampf die „Gattungsgesetzlichkeiten" entwickelt, aus denen das Profil deutschsprachiger Sittenschriften resultiert.

Als Literaturwissenschaftler interessiert ihn in seiner Habilitationsschrift »Die Botschaft der Tugend« vor allem das Phänomen der „fiktiven Verfasserschaft", das, vorgeprägt durch den »Spectator«, er in den deutschen Wochenschriften allenthalben vorfindet und daher zum unterscheidenden Merkmal, zum kardinalen Charakteristikum der gesamten Zeitschriftengattung erklärt.

Es handelt sich um das räsonierende, das erzählende »Ich« oder, wie im Falle eines Verfasserkollektivs, um das »Wir«, welches, wie das folgende Beispiel aus dem »Patrioten« zeigt, seinen erdichteten, in aller Regel exemplarischen Bildungsgang und eine von den zentralen Werten der Aufklärung, von Toleranz und dem Bekenntnis zum Weltbürgertum geleitete Gesinnung bereits in der ersten Nummer entfaltet: *„Ich bin ein Mensch, der zwar in Ober=Sachsen gebohren, und in Hamburg erzogen, worden: der aber die ganze Welt, als sein Vaterland, ja als eine eintzige Stadt, und sich selbst als einen Verwandten oder Mit=Bürger jedes anderen Menschen, ansiehet. Es hindert mich weder Stand, noch Geschlecht, noch Alter, daß ich nicht jedermann für meines gleichen, und, ohne den geringsten Unterschied, für meinen Freund, halte. (...) Bis ins vier und zwantzigste Jahr habe ich mein Leben mit emsiger Lesung der Bibel, der vornehmsten Welt=Weisen und Geschicht=Schreiber, auch in Untersuchung so wohl meiner Leibes= als Gemüths=Beschaffenheit zugebracht, und gegen alle Gewohnheit, Vorurtheile und Leidenschafften mich zu bewaffnen gesuchet. (...) Wie mir bereits in den ersten Jahren auf eine leichte und gantz ausserordentliche Weise neunzehn itzt herrschende Sprachen beygebracht worden; so fand ich hierin desto weniger Hindernissen. Ich habe nicht nur sieben Jahr lang unter den berühmtesten Völckern unsers Europäischen Welt=Theils gelebet, sondern mein Eiffer führte mich so gar auch zu den fast unbekannten Lappländern, Grönländern, Tartaren, Molucken, Indianern, Sinesen, Japanen, Moren, ja selbst den Hottentotten und Cannibalen. (...) Nunmehr ist bereits mein acht und funffzigstes Jahr verstrichen, nachdem ich erst vor wenig Jahren mich zur Ruhe begeben, und zwar an eben demselben Orte, der mir in meiner*

Jugend so trefflich gefallen. Wie ich hieselbst, mehr als anderwärts, bey einer völligen ungekränckten Freyheit, einen Ueberfluß von allen Annehmlichkeiten gefunden; so finde ich hier zugleich in einer beständigen, ob gleich freywilligen, Arbeit dasjenige, was andere Ruhe nennen (...)."[116]

Am Ende dieser ersten Nummer hat sich der Hamburger Sittenrichter dem Leser als 58-jähriger Junggeselle von Adel offenbart, der, weitgereist und welterprobt, sich nunmehr auf seine Güter zurückgezogen hat. Was hier als freimütiges Bekenntnis erscheint, ist freilich nichts anderes als ein Tarnmanöver des realen Autors, der auf diese Weise zwischen sich und seine Leser eine dritte Instanz, den fiktiven Verfasser, schiebt.

Als ein weiteres sinnfälliges Beispiel für das übernommene Maskenspiel in deutschen Sittenschriften lassen sich freilich Johann Christoph Gottscheds »Vernünftige Tadlerinnen« (1725-1727) anführen: die Fiktion eines weiblichen Verfasserkollektivs (Phyllis, Iris und Calliste), hinter dem sich in Wahrheit der Leipziger Gelehrte selbst verbirgt.

Als formgebende Autorität und stehende Figur innerhalb der Sittenschrift überschaut und beherrscht der fiktive Verfasser die Szene innerhalb seines wöchentlichen Produkts. Bemerkenswert ist jedoch, daß er selbst in der unmittelbaren Außenwelt, dort, wo er vorgibt, das empirische Anschauungsmaterial, den Stoff für seine moralischen Erzählungen und Exempel zu gewinnen, einen erhöhten Standpunkt einnimmt, von dem aus er gleichsam inkognito das gesellschaftliche Treiben um sich herum beobachtet: *„Wundert euch nicht, meine Leser, daß ich um alle Geheimnisse dieser Stadt weiß, und daß mir die umständlichste Beschaffenheit der meisten von meinen Mit=Einwohnern besser bekannt, als vielleicht ihnen selber!"*[117] gesteht das allwissende »Ich« seinem Publikum.

Unverkennbar zeichnen sich im Kunstgriff der Einführung eines fiktiven und aus der persönlichen Anschauung heraus erzählenden Verfassers die Konturen epischer Gattungspoetik, zumal ihrer Großform, ab: *„Es ist im Prinzip die gleiche Freiheit, die der epische Dichter mit der Einführung eines Erzählers, eines erzählenden »Ich« gewinnt, das mit der Person des Dichters nicht identisch ist, und in der Tat dürfte das moderne subjektiv gefärbte Spre-*

---

[116] »Der Patriot« (1724/1969), 1. Stück, S. 1 f.
[117] Ebd., S. 5.

chen, der persönliche Erzählton gewisser Erzählfiguren im Roman der zweiten Hälfte des 18. Jahrhunderts von der Manier der Wochenschriften vorbereitet sein", analysiert Martens den antizipatorischen Charakter der Sittenschriften.[118]

Die moralischen Wochenschriften, die daher allenthalben als Vertreter eines literarischen Journalismus betrachtet werden, beziehen ihre Literarizität vorzugsweise aus der Einführung dieser die einzelnen Stücke dominierenden Kunstfigur. In der detaillierten Farbgebung des Charakters, der Ausschmückung des Werde- und Bildungsgangs, der Tonfärbung des Sprach- und Erzählstils der fiktiven Verfasserfigur darf der authentische Wochenschriftenautor poetisch erfinderisch sein.[119] Grenzen sind ihm allenfalls dort gesteckt, wo der Charakter droht, ins Lasterhafte oder gar Lächerliche abzurutschen, wo er sich nicht mehr als positive Norm, als Vor- und Leitbild im Sinne des bürgerlichen Tugendideals erweist.

Addison und Steele haben sich nicht nur als Erfinder, sondern auch als Meister in der Gestaltung und Handhabung dieser erzählenden, räsonierenden und moderierenden Kunstfigur hervorgetan, indem sie das Verhältnis zwischen Belehrung und Unterhaltung, zwischen moralischem Ernst und ironischem Augenzwinkern im Wesen des »Spectator«, wie das folgende Beispiel zeigt, glänzend austarieren: *„Ich habe bemerket, daß ein Leser selten ein Buch mit Vergnügen liest, ehe er weis, wer der Verfasser sey, ob er weiß oder schwarz, phlegmatisch oder cholerisch, verheirathet oder ein Junggesell ist, und andere Merkwürdigkeiten mehr: welche nicht wenig dazu beytragen, daß man seine Schriften besser versteht. (...) So will ich mir selbst das Recht widerfahren lassen, und mit meiner eigenen Geschichte den Anfang machen. Ich bin auf einem kleinen erblichen Landgütchen gebohren; welches, nach der gemeinen Sage des Dorfes, darinnen es liegt, noch mit eben den Hecken und Gräben umschlossen ist, die es zu Wilhelm Conquestors Zeiten gehabt hat. (...) In meiner Freundschaft wird es erzählt, daß meine Mutter, als sie mit mir schon 3 Monate schwanger gewesen ist, geträumet habe, als ob sie mit einem Richter niederkäme. (...) Die Ernsthaftigkeit, welche ich*

---

[118] Martens (1968), S. 31. Vgl. auch Jacobs (1976), S. 50, wonach die Sittenschriften „dem Erzählmuster des humoristischen Romans vorarbeiten".

[119] Martens hat dem „spielerischen Element im fiktiven Wesen" und den Möglichkeiten seiner Entfaltung ein ganzes Kapitel gewidmet, vgl. ebd., S. 54 ff.

sogleich in meiner ersten Kindheit, und so lange ich an den Brüsten war, blicken ließ, schien meiner Mutter ihren Traum zu bestätigen. Denn sie hat es mir oftmals selbst erzählt, daß ich meine Klapper schon weggeworfen, ehe ich noch zween Monate alt gewesen (...)." [120]

Als literarisierendes Moment innerhalb eines didaktischen Zeitschriftentyps kleidet das fiktive »Ich« die moralische Botschaft zudem häufig in eine um Anschaulichkeit und Plastizität bemühte Form. In den Essay als Textsorte der niedrigen Stilebene lassen sich zur Konkretisierung und Exemplifizierung des moralisch-erzieherischen Anliegens kleine literarische Formen integrieren. Es handelt sich dabei um unterschiedliche, in der Regel jedoch festgelegte Darbietungsformen des Stoffes, für deren Auswahl und Integration in den Gesamtzusammenhang des Stücks der fiktive Verfasser, gleichsam als organisierendes Element, verantwortlich ist. So gesteht der Hamburger »Patriot« rückblickend, daß er seine „heylsamen Erinnerungen" auf „mancherley Weise eingekleidet" habe, um sie dem Publikum „so viel schmackhafter und angenehmer zu machen".[121]

Zum festgefügten Formenfundus oder „literarischen Instrumentarium"[122] moralischer Wochenschriften zählen Martens und in seiner Nachfolge Ute Schneider in erster Linie den (fingierten) Brief mit bisweilen satirischem Inhalt sowie sämtliche Formen exemplarischer Typisierung. Schneider unterscheidet hier genauer als Martens zwischen der Selbstcharakteristik, einer Form, derer sich der fiktive Verfasser bedient, zwischen der durch einen Außenstehenden und daher in der dritten Person abgefaßten Charaktererzählung oder moralischen Erzählung und dem skizzenhaft-prägnanten moralischen Charakter, welchen die Autorin in der Nachfolge von Theophrast und La Bruyère als eine eigenständige Gattung bestimmt. Seltener tauchen dagegen andere literarische Formen zum Zwecke der Verdeutlichung auf wie: Fabeln, Parabeln, Anekdoten, fingierte Dialoge, Gesellschaftsschilderungen, Allegorien, Träume oder Märchen.

Die Einführung eines fiktiven Verfassers zeugt, ebenso wie die Auswahl und Integration dieser zumeist epischen Kleinformen, von dem prinzipiellen

---

[120] »Der Zuschauer« (21750), 1. Stück, S. 1 f.
[121] Vgl. »Der Patriot« (1726/1970), 156.Stück, S. 421.
[122] Schneider (1976), S. 76.

Bekenntnis der Wochenschriften-Autoren zur »Ars poetica« des Horaz, wonach der Dichter nicht nur Nützliches für das Leben sagen, sondern sein Publikum zugleich erfreuen soll. Das legendäre »prodesse et delectare« wird zur kompositorischen Richtschnur der Autoren, welche die Sittenschriften danach einrichten und versuchen, ihren Appell in einer unterhaltsamen Form aufgehen zu lassen: *„Der Tugend=Weg ist nicht so beschwehrlich und rauh, als viele sich denselben vorstellen. Daher werde ich auch meine Leser auf keine verdrießliche, sondern angenehme, Ahrt durch denselben führen (...)"*[123], versichert der »Patriot« seinem Publikum; und im I. Discours der »Mahlern« hebt der fiktive Verfasser (Hans Holbein) mit Blick auf den »Spectator« hervor: *„Ich kan die gute Wirckungen seiner kleinen Discoursen / welche aller Orten die gesunde Vernunfft ausgebreitet haben / die Gemüther aufgekläret / die Tugend gepflanzet / keiner anderen Ursache zuschreiben / als der Kunst welche der Autor gewußt hat / das Nützliche mit dem Angenehmen und Ergetzenden zuvermischen."*[124]

Die subjektive Instanz des fiktiven »Ich«, das seine Leser direkt anspricht und zur aktiven Teilhabe am Erziehungsprozeß ermuntert, das Publikum zum Einsenden brieflicher Stellungnahmen oder Erfahrungsberichte auffordert, baut ein persönliches Verhältnis zwischen sich und dem Leser auf, wird zum Intimus des Rezipienten. In dieser von Subjektivität und Anschaulichkeit dominierten Form läßt sich die moralische Botschaft freilich glaubhafter und eindringlicher überbringen als allein durch theoretische und weitgehend abstrakte Abhandlungen über die Modetorheiten der Zeit: Belehrendes und Unterhaltsames greifen hier immer mit dem pädagogischen Ziel ineinander, den Menschen als formbares Individuum[125] zu vernünftigen Einsichten

---

[123] »Der Patriot« (1724/1969), 1. Stück, S. 7.

[124] »Die Discourse der Mahlern« (1721/1969), I. Discours, Seitenzahlen nicht vorhanden!

[125] Der Erziehungs- und Bildungsauftrag der moralischen Wochenschriften, der besonders in solchen Nummern konkret wird, in denen die Autoren die Frage der richtigen Kindererziehung zu ihrem Thema machen, resultiert aus einer philosophischen Grundannahme, die bereits Ende des 17. Jahrhunderts von John Locke in seinem „Essay Concerning Human Understanding" (1690) und in „Some Thoughts Concerning Education" (1693) formuliert wird. Entgegen der christlichen Lehre von der angeborenen Sündhaftigkeit des Menschen beschreibt Locke die menschliche Seele als »tabula rasa«, als eine unbeschriebene Tafel, die erst im Laufe des Lebens, durch Erfahrungen geprägt, Gestalt annimmt. Die Existenz des Individuums ist demnach nicht determiniert, sondern in Abhängigkeit von den verschiedenen Eindrücken, die es durch seine Umwelt empfängt, in jede Richtung formbar und entwicklungsfähig. Der Mensch ist das Produkt seiner Fähigkeit, aus Erfahrung zu lernen. Aus

zu bewegen als Vorbedingung einer tugendhaften und glücksverheißenden Lebensführung im gesellschaftlichen Miteinander: „*Wie können wir aber die Vollkommenheiten unserer Brüder und Schwestern besser befördern, als wenn wir ihnen die Unvollkommenheiten zeigen, die sie noch an sich haben, und sie vor den Fehlern warnen, die ihnen hie und da noch ankleben. Dieses wird also unsre vornehmste Absicht seyn; und ob wir es gleich bißweilen, mehrerer Deutlichkeit halber, unter erdichteten Nahmen und Personen bewerckstelligen werden, so darff doch niemand dencken, daß dieses lauter wahrhaffte Begebenheiten wären, die man aus Haß oder feindseligen Absichten so deutlich beschrieben. Nein es sollen nur Bilder seyn, die zu desto lebhaffterer Vorstellung der Laster, mit Fleiß also entworffen worden"*, erläutern die »Tadlerinnen« im ersten Stück Intention und Methode ihres Jounals und betonen redlicherweise, im Gegensatz etwa zum »Spectator« oder »Patrioten«, den fiktiven Modellcharakter ihrer veranschaulichenden Exempel, damit kein Leser auf den Gedanken kommt, es handele sich hier um eine jeder Moral zuwiderlaufende Schmähschrift.[126]

Neben der fiktiven Verfasserschaft, neben dem variierbaren Formenfundus und dem Essay als textlicher Grundform erweist sich schließlich die thematische Einheit des jeweiligen Stücks selbst bei wechselnden Vortragsformen „ohne Untergliederungen und bestimmte Rubriken", als ein weiteres formbestimmendes Gattungsmerkmal: „*Briefe und gelegentlich aufgenommene Gedichte fügen sich dabei ohne Bruch in den Zusammenhang.*"[127]

Wenngleich auf ein facettenreiches Generalthema gestimmt, verkürzen die Sittenschriften ihr Sezierobjekt »Mensch« und die durch ihn konstituierte Gesellschaft auf zwei sich widersprechende inhaltliche Aspekte: die Tugend und das Laster, die Vernunft und ihr Gegenteil. Ihre didaktische Ausrichtung kommt dabei verstärkt in solchen Stücken zum Ausdruck, wo sittliche Norm oder Abnorm plastisch, d.h. mittels exemplarischer Personifizierungen, vorgeführt wird. Damit soll der Leser zu einem freilich determinierten moralischen Urteil veranlaßt werden, das sich entweder in positiver Identifikation mit oder in negativer Abgrenzung von dem vorgestellten Typus ausdrückt.

---

dieser Prämisse leitet sich schließlich die Plausibilität und Legitimität einer Wissenschaft vom Menschen ab, die für das gesamte 18. Jahrhundert stilbildend sein wird.

[126] »Die Vernünftigen Tadlerinnen« (1725), S. 7.
[127] Martens (1968), S. 19.

Im Zusammenhang mit der optimistischen Überzeugung von der Perfektibilität des Menschen gestehen die Autoren solchen Exempla, mit denen sie richtungsweisend in den Vervollkommnungsprozeß eingreifen wollen, eine durchaus bildende Funktion zu:

„Die Aufführung der Menschen zu untersuchen, und in gewisse Grentzen einzuschrencken, ist zwar ein Unternehmen, das so viele Behutsamkeit, als Erfahrung und Einsicht, erfordert: je häufiger aber die Schwierigkeiten hiebey, und je weniger der Mensch ihm selber bekannt seyn will, desto nohtwendiger ist es zu seiner Wohlfahrt, ihm beständig sein Bildniß vorzuhalten, seine Schwachheiten zu zeigen, und zu Hebung derselben ihm bequehme Mittel vorzuschlagen." [128]

Die Wochenschriftenautoren fühlen sich der Ethik irdischen Glücks, dem Eudämonismus, in seiner sozialen und uneigennützigen Form verpflichtet. In dieser Funktion erweisen sie sich als wahre Glückseligkeitsapostel der Menschheit, und ob allgemeine Wohlfahrt oder gesellschaftliches Glück: beide Wörter bezeichnen dasselbe erzieherische Ziel, dessen Weg zwar immer noch über Gott und einen rational geläuterten, alles Wundersame leugnenden „natürlichen" Glauben, aber eben auch über vernünftige Einsichten als Voraussetzung moralischer Selbstbesserung und sozialer Integrierbarkeit in die Gemeinschaft führt.[129] Daß hier, bei aller Anerkennung göttlicher Autorität, der eigenverantwortlichen Existenz und ihrer Ausgestaltung im Diesseits Priorität eingeräumt wird, steht außer Frage.

Die wenig komplexen, stereotypen Fabeln führen in den Sittenschriften ein überaus zweckgebundenes Dasein, stehen ganz im Dienst einer dominanten Didaxe, die auf allgemeine und übertragbare Aussagen im Sinne moralischer Grundwahrheiten zielt: Die zu vermittelnden Verhaltenswerte sind sämtlich geprägt vom Primat der Mäßigung und der Gemeinnützigkeit. Einer jener schablonenhaften Handlungsabläufe liegt schließlich auch der zu Lehrzwecken unternommenen Selbstentlarvung des fiktiven Zuchthausträflings *Asmus Struntzer* zugrunde: Der Protagonist frönt einem der drei Hauptlaster, der Wollust, und fällt dadurch recht bald bei der Gesellschaft in Ungnade, die ihn, zum Zeichen seines Ausgestoßenseins, im Gefängnis ein-

---

[128] »Der Patriot« (1724/1969), 1. Stück, S. 7.

[129] Über das scheinbar paradoxe Nebeneinander von Vernunft und Religion in der Weltanschauung der moralischen Wochenschriften vgl. Martens (1968), S. 168 ff.

sitzen läßt. Daß es sich bei dieser moralischen Erzählung nicht um eine Satire handelt, beweist eine Art Glückswechsel, in dem sich zugleich die moralische Botschaft an den Leser verdichtet: *„Habe alle die Leichtfertigkeiten schon verflucht, und will alle Kauff= und Handels=Diener mit meinem Exempel warnen, daß sie sich für unziemlichen Kleider=Stoltz, wollüstiges Leben, und darauff folgende Untreue gegen ihre Herren in Acht nehmen sollen."*[130] Die nachträgliche Reue des Sünders trägt nicht nur dem positiven Menschenbild der Aufklärung Rechnung, sie soll auch dem Leser statt Hohn Nachsicht und Hoffnung abringen.

Unter der Maßgabe, den Leser zu „prinzipiellen moralischen Einsichten"[131] zu bewegen, wird dem Menschen in seinem individuellen und gesellschaftlichen Dasein ein, wie oben bereits angedeutet, zumeist dichotomischer und entpsychologisierter Blick zuteil, der die vielen Grauzonen im Wesen und Charakter aus Gründen der Deutlichkeit[132] und der Übertragbarkeit ignoriert. Beständig bewegt sich so das inhaltliche Konzept der Sittenschriften zwischen zwei Polen hin und her, der Exemplifizierung der Tugend, doch weit häufiger der Lasterhaftigkeit, zwischen Gut und Böse, zwischen Norm und Abnorm, immer in dem Vertrauen auf eine vernünftige Einsicht in die glücksverheißende Notwendigkeit, auf dem Pfad bürgerlicher Tugend zu wandeln.

---

[130] »Der Patriot« (1724/1969), 40. Stück, S. 344.
[131] Schneider (1976), S. 85.
[132] Vgl. »Der Patriot« (1724/1969), 1. Stück, S. 8.

1.1. Geschmack und Tugend

Bereits in den »Discoursen der Mahlern« findet sich neben den unverzichtbaren Sittengemälden auch eine Vielzahl von Essays, die sich mit Fragen der Literatur befassen[133] und deren Anliegen insoweit moralisch ist, als der Leser in seinem Geschmacksurteil belehrt und gebildet werden soll. Diese Thematik ist bereits im »Spectator« angelegt, so daß die Schweizer nur daran anzuknüpfen brauchen: *„Wenn auch der grosse und alleinige Zweck meiner Betrachtungen darin besteht, das Laster und die Unwissenheit von Englands Boden zu verbannen, so werde ich mich doch auch, so viel in meinen Kräften liegt, bestreben, auf dem Gebiete der Literatur einem geläuterten Geschmack zu seinem Rechte zu verhelfen."*[134]

Insofern bilden die Schönen Wissenschaften einen ersten thematischen Schwerpunkt innerhalb der »Discourse«, so daß die Verfasser mit dem öffentlichen Sittenrichteramt offensichtlich zugleich die Rolle von Kunstrichtern übernehmen, deren Aufgabe es schließlich ist, „zur Ausbreitung des guten Geschmacks beizutragen."[135]

Die Tendenz, die innere Sittlichkeit des Menschen in Beziehung zu dessen subjektiven Geschmacksempfinden zu setzen, verstärkt sich zudem seit den 1750er Jahren, als das Wortpaar »Geschmack« und »Herz« vermehrt in den Programmen der moralischen Wochenschriften auftaucht und auf eine ästhetische Dimension, das Schöne und das Gute, verweist, darauf, daß „das Schöne einen veredelnden Einfluß auf das Gemüt"[136] besitzt. Kunst und Dichtung legitimieren ihren Nutzen sodann nicht mehr ausschließlich - wie noch bei Gottsched - durch ihren moralischen Gehalt, sondern zunehmend auch durch die schöne, die angenehme Empfindung, welche sie beim Rezipienten auslösen: Wirkungsästhetische Gesichtspunkte und das betrachtende Sub-

---

[133] Ute Schneider (1976) hat darauf hingewiesen, daß „sich von den 24 Discoursen des ersten Teils allein zehn mit Gegenständen aus Literatur und Sprache befassen oder Redaktions-Internes abhandeln", S. 73.

[134] Zitiert nach Bodmer (1895), S. 3.

[135] »Bibliothek der Schönen Wissenschaften und der Freyen Künste« (1765), Nachbericht am Ende des zwölften Bandes.

[136] Martens (1968), S. 489.

jekt rücken in den Vordergrund und beginnen, für das Urteil des empfindsamen Kunstrichters eine Rolle zu spielen.

Die ästhetische Erziehung des Individuums, deren Wurzeln zurückreichen bis zum antiken Menschheitsideal, der Kalokagathie, wo das Schöne und das Gute zusammengedacht werden und die noch viel später in Shaftesburys Auffassung, wonach der moralische vom ästhetischen Sinn nicht verschieden sei, mitschwingt,[137] beginnt für die Formung ethischen Bewußtseins und sittlichen Handelns eine immer größere Rolle zu spielen. Das moralische Dreigestirn »Sitten«, »Herz« und »Geschmack« erweist sich während der zweiten Jahrhunderthälfte als eine Konstellation komplementärer Begriffe: Der gute Geschmack hat einen positiven Einfluß auf Herz und Sitten, „die praktische Vernunft ist eine Nachbarin der ästhetischen Urteilskraft".[138]

Der Begriff »Geschmack«, das erläutert Jochen Schulte-Sasse in seinem Aufsatz,[139] wird in Deutschland von Anfang an in der sozialen Bedeutung rezipiert, die ihm Baltasar Gracián in seinem Traktat »El Discreto« (1646) beigelegt hat, wonach »gusto« gleichzusetzen sei mit dem adäquaten Verhalten des Weltmannes in der höfischen Gesellschaft. Eine „unmittelbare Korrespondenz zwischen ästhetischem Stilempfinden und sozialem Verhalten"[140] setzt schließlich auch Gellert voraus, so daß den schönen Wissenschaften und Künsten fortan eine durchaus lebenspraktische Funktion und Wirkung innerhalb der bürgerlichen Welt zukommt, weil ethisches Empfinden und Verhalten nunmehr an die subjektive Erfahrung des ästhetisch Schönen geknüpft werden: *„Der Tugendhafte, das wird um die Jahrhundertmitte mehr und mehr zum Gemeinplatz, ist nicht nur der Mann von Vernunft und Religion, er ist auch zugleich ein Mann von ästhetischer Bildung."*[141]

---

[137] Vgl. »Characteristics Of Men, Manners, Opinions, Times«, London, 1711.
[138] Martens (1968), S. 453.
[139] Schulte-Sasse (21984), S. 305 f.
[140] Ebd.
[141] Martens (1968), S. 456 f.

Neben den suggestiven Charakterbildern, die ein im Grunde vorherbestimmtes moralisches Urteil herausfordern, legitimieren sich zunehmend Essays über Literatur, Bühnenkunst, Musik, Malerei etc. als tugendbefördernde Genres, und das Kennenlernen der zur Beurteilung herangezogenen Parameter besitzt erzieherischen Wert - sowohl in geschmacklicher als auch in moralischer Hinsicht.

2. Textgeschichte - eine Rekonstruktion

2.0. Quellenlage

Die folgenden Ausführungen bilden eine erste kritische Annäherung an den »Casselschen Zuschauer« gewissermaßen von außen. In diesem Zusammenhang stellt sich die Frage nach zentralen Bestimmungsmerkmalen seiner Existenz als Wochenschrift in einer Residenzstadt. Eine Auswahl solch textbegleitender, textkonstituierender Faktoren soll in diesem Kapitel vorgestellt und, so weit wie möglich, inhaltlich gefüllt werden.

Ich stütze mich hierbei ausnahmslos auf gedruckte Quellen, unter denen sich auch eine Sammlung von Briefen bekannter Absender an den »Hochfürstl. Rath, Professor der Alterthümer am Carolinum und Inspector der Kunst- und Münzsammlungen«, Rudolf Erich Raspe, befindet.[142] Daneben lege ich vor allem Rudolf Hallos verdienstvolle erste „systematische Raspebiographie", die vorwiegend aus bislang „noch ungenutzte[n] archivalische[n] und dokumentarische[n] Quellen" gearbeitet ist, zugrunde.[143]

Die Erschließung von Quellen, die komplett und eindeutig Aufschluß geben über die Verlagsgeschichte des »Casselschen Zuschauers«, über Auflagehöhe, Distribution und Verteilungsradius sowie über den sozialen Status und das Bildungsniveau der Abonnenten oder aber über das Verhältnis zwischen Verleger und Herausgeber, war wider Erwarten nicht möglich, da sich nach Recherchen herausstellte, daß das Dieterich'sche Verlagsarchiv, in dem man hilfreiche Auftragsbücher und Pränumerationslisten hätte erwarten dürfen, bereits im 19. Jahrhundert durch Firmenentflechtung und mehrmaligen Verkauf verlorengegangen ist.[144]

Hinzu kommt, daß „sich nur wenige Briefe Dieterichs an seine Autoren (...) erhalten haben"[145] und man überdies annimmt, daß „viele Vereinbarun-

---

[142] Franz Ludwig Mittler veröffentlicht bereits 1855 und 1857 im zweiten, dritten und sechsten Band des »Weimarischen Jahrbuchs« Briefe aus dem Nachlaß R.E. Raspes. Zu den von ihm transkribierten Briefen zählen folgende Absender: Lessing, Merck, Boie, Herder, Höpfner, Gleim, Jacobi, Gotter, Johann Conrad Deinet und schließlich Johann Arnold Ebert.

[143] Vgl. Hallo (1934), S. 6 ff.

[144] Vgl. Willnat (1993), S. 6, 151.

[145] Ebd., S. 6.

gen mündlich getroffen [wurden].«[146] Folglich läßt sich in Raspes Nachlaß, der in der Murhardschen Landesbibliothek aufbewahrt wird, kein einziger Brief des Verlagsbuchhändlers an seinen Autor und Herausgeber finden, und nach Auskunft der Göttinger Abteilung für Handschriften und seltene Drucke liegen auch dort keine Briefe Raspes an seinen Verleger Dieterich vor, was wohl aus dem Verlust sämtlicher Briefe Raspes an seine Korrespondenzpartner - mit Ausnahme der Briefwechsel zwischen dem Kasseler Gelehrten und Herder sowie Nicolai- zu erklären ist.[147]

Diese problematische Quellenlage läßt befürchten, daß eine Rekonstruktion der Entstehungs- und Wirkungsgeschichte des »Casselschen Zuschauers«, die sich vorwiegend auf Biographisches, auf sozialhistorische Strukturen, auf Vergleiche und Analogiebildung stützt, auch in Zukunft empirisch nur schwer zu erhärten sein wird.

2.1. Erscheinungsdauer

Der »Casselsche Zuschauer« gehört insofern zu den publizistischen Raritäten, als er bislang allein in zwei Katalogen nachgewiesen wurde.[148] Die beiden noch erhaltenen Exemplare verteilen sich so auf die Universitätsbibliothek Marburg (Signatur: VIII C 9^m #) und die Niedersächsische Staats- und Universitätsbibliothek in Göttingen (Signatur: Scr. var. arg. II 1850, als Mikrofilm unter: 8^0 S.v.a. II 1850). In der Murhardschen Landesbibliothek liegt hingegen nur eine gebundene Kopie des Marburger Originals unter der Signatur: 38 Hass. ZA 2666 vor.

Belegt werden konnte bisher die Existenz von insgesamt 24 Stücken, angefangen vom 4. Januar 1772 bis zum 13. Juni 1772, wobei das Göttinger Exemplar lediglich über 21 Nummern verfügt. Die Wahrscheinlichkeit, daß der »Zuschauer« tatsächlich über einen längeren Zeitraum erschien, ist frei-

---

[146] Ebd., S. 0.

[147] Vgl. Hallo (1934), S. 8 f.

[148] Die Durchsicht von Beständen der Berliner Staatsbibliothek, der Universitätsbibliothek Leipzig sowie des Dortmunder Institutes für Zeitungsforschung ergab kein positives Ergebnis.

lich gering: Bereits Raspes Zeitgenosse F.W. Strieder berichtet, daß sich der „Casselische Zuschauer mit dem 24sten Stücke wieder verkroch".[149] Dennoch gibt die Unvollständigkeit des Göttinger Exemplars zu bedenken, daß die Anzahl uns überlieferter Nummern nicht identisch sein muß mit der Zahl tatsächlich gedruckter Stücke. Es ist immerhin möglich, daß einzelne Nummern verlorengegangen sind oder, bedingt durch wechselnde Nachfrage, einfach vergriffen waren, und sich der Verleger nicht in der Lage sah, diese in Einzelfällen noch einmal nachzudrucken, so daß selbst im Falle des vollständigeren Marburger Exemplars nicht ausgeschlossen werden kann, daß es sich zuletzt nur um ein Fragment handelt.

Hinzu kommt, daß der »Zuschauer« entgegen der Konvention moralischer Wochenschriften keinen Hinweis auf Einstellung seines Erscheinens enthält. Verabschiedet sich »Der Patriot« im 156. und letzten Stück von seinen Lesern mit den Worten: *„Nunmehro lege ich denn meine Feder hiermit nieder, und soll ich ja die Zeit nicht erleben, daß ich sie wieder zur Hand nehmen könne (...) Meinen Lesern danke ich insonderheit für die beständig gütige Aufnahme meiner Papiere, und wünsche ihnen in dem nächsten so wol als den folgenden Jahren alle Vortheile eines angenehmen, gemächlichen und tugendhaften Lebens; der drohenden und sich rüstenden Welt aber einen immerwährenden Frieden, und eine Segens=volle Ruhe",*[150] endet das 24. Stück des »Casselschen Zuschauers« mit einem Verweis auf die Fortsetzung des zuletzt behandelten Themas in einer der kommenden Nummern. Eine sich anschließende, umständlich formulierte „Nachricht", die im Zusammenhang mit dem Tod von Raspes Schwiegermutter und der kurz darauf folgenden Geburt seines Sohnes Friedrich[151] stehen könnte, informiert die Leserschaft lediglich darüber, daß der »Zuschauer« vorübergehend sein Erscheinen einstellt: *„Der Zuschauer wird nach Vollendung seiner Pflicht, welche ihn bey seinen Lesern entschuldigen wird, so bald er sie ihnen mittheilet, inner-*

---

[149] Strieder (1797), S. 233.

[150] »Der Patriot« (1726/1970), S. 424.

[151] Einer der engsten Freunde Raspes, der Jurist L.J.Fr. Höpfner, gratuliert zur Geburt des Sohnes, der am 24.6.1772 zur Welt kommt und spielt dabei ironisch auf die Physiognomie des Vaters an: „Aber wie steht es mit der Nase? Hat er [Friedrich] sie, hat er sie nicht?", vgl. Mittler (1855), S. 64.

halb vierzehn Tagen nicht im Stande seyn sich mit dem Publiko zu unterhalten" (S. 192).

Ob Raspe seine Herausgebertätigkeit hierauf wieder aufgenommen hat, kann mit letzter Sicherheit nicht entschieden werden. Aus einem Brief des Johann Conrad Deinet, des Verlegers der »Frankfurter Gelehrten Anzeigen«, geht jedoch hervor, daß sich Raspe bereits im Januar 1772 zur Mitarbeit an diesem zur gleichen Zeit erscheinenden Journal entschließt.[152] Dies könnte immerhin ein Indiz dafür sein, daß der Autor sein publizistisches Engagement bald von dem einen auf das andere Journal, vom »Zuschauer« auf die »Anzeigen« lenkt, zumal Raspes Zeitbudget ohnehin begrenzt ist. Vor allem sein Amt als Kustos des fürstlichen Antiquitäten- und Münzkabinetts nimmt ihn über Maßen in Anspruch, was ihn andererseits jedoch nicht von der Erfüllung zahlreicher Nebentätigkeiten abhalten kann; so rezensiert Raspe u.a. für Matthias Claudius' »Wandsbecker Bothen«[153] und auf seinem Fachgebiet, der Altertumskunde,[154] für Nicolai und dessen »Allgemeine Deutsche Bibliothek«.

Die Diskrepanz zwischen Marburger und Göttinger Exemplar wird von der Sekundärliteratur ebenso wenig problematisiert wie das gattungsuntypische offene Ende des »Zuschauers«: ein plötzliches Abbrechen der Thematik ohne, wie sonst üblich, verbalen Beschluß. Das wissenschaftliche Interesse an Raspes Wochenschrift ist bislang zwar marginal, rechtfertigt jedoch keineswegs die oberflächliche Herangehensweise und das kritiklose Voneinanderabschreiben mancher Autoren, was bisweilen in signifikanter Verfälschung des Original-Titels gipfelt.[155] Unbewiesene Behauptungen werden als sichere Befunde hingestellt und tradiert. So weiß John Carswell über das Ende des »Casselschen Zuschauer« zu berichten: *"After twenty-four numbers Dieterich, who was a business man, refused to back it further",*[156] und man

---

[152] Vgl. die Beantwortung des Pro-Memoria von dem Herrn Rath Raspe vom 6ten Jänner (1772), in: Mittler (1857), S. 77 f. Hermann Bräuning-Oktavio (1972) nimmt an, daß Raspe allein in dem legendären Jahrgang der »Frankfurter Gelehrten Anzeigen« von 1772 fünf Rezensionen verfaßt hat, vgl. S. 88.

[153] Vgl. Wilke (1978), T. 2, S. 110.

[154] Vgl. Parthey (1842), S. 22 f.

[155] So spricht Lücke (1960) in seiner biographischen Skizze vom „Casselischen Beobachter"!, vgl. S. 179.

[156] Carswell (1950), S. 72.

wüßte gern, aus welcher Quelle sich diese Nachricht speist. Statt dessen findet sich die gleiche Einschätzung vierzig Jahre später von Jörg Meidenbauer kommentarlos aufgegriffen,[157] und die Vermutung liegt nah, daß hier der Jüngere den Älteren kopiert hat. Dabei weist bereits Joachim Kirchner darauf hin, daß *„das oftmals nur kurze Bestehen selbst viel gelesener Zeitschriften des 18. Jahrhunderts vielmehr darauf zurückzuführen ist, daß der oder die Herausgeber ihre Zeitschrift selbst zusammenschreiben mußten und infolge des Mangels einer genügend starken Mitarbeiterschaft nach einigen Jahren die Feder aus der Hand legten, weil ihr Stoff erschöpft war."*[158] Und Wolfgang Martens bestätigt, daß „Kurzlebigkeit kein Zeichen für mangelnden Erfolg zu sein brauchte".[159]

2.2. Ausgabe

Der optischen Schlichtheit moralischer Wochenschriften trägt der schmucklose Pappeinband sowohl des Marburger als auch des Göttinger Exemplars Rechnung, die, bis auf ihren unterschiedlichen Seitenumfang (s.o.), identisch sind. Für die Qualifizierung der Ausgabe als bedeutsam erweist sich allerdings das Fehlen eines Titelblatts: Anstelle eines Titelkupfers, einer nachfolgenden Zueignung oder Vorrede stößt der Leser beim Aufschlagen des Oktavbändchens sogleich auf das erste Stück. Es sind dies in der Tat zwei Indizien, die ex negativo belegen, daß Dieterich, der den »Casselschen Zuschauer« - wie übrigens viele Sittenschriften-Verleger vor ihm - nach Ablauf seines periodischen Erscheinens möglicherweise als Buchausgabe projektiert hatte,[160] später von diesem Plan abrückt.

---

[157] „[Der Herausgeber] mußte [das Blatt] einstellen, als der Göttinger Verleger nach dem 24. Stück weitere Unterstützung versagte", in: Meidenbauer (1991), S. 191.

[158] Kirchner (1928), S. 56.

[159] Martens (1968), S. 120.

[160] Elisabeth Willnat (1993) weist den »Casselschen Zuschauer« als Bestandteil des Leipziger Ostermeßkatalogs von 1772 nach, vgl., S. 194. Da solche Eintragungen zugleich Anzeigencharakter besitzen, sind sie dazu bestimmt, das Interesse potentieller Abnehmer zu wecken. Wolfgang Martens (1968) verweist darauf, daß nicht wenige Verleger moralischer Wochenschriften „das eigentliche Geschäft dann auf der Messe mit der Buchausgabe" witterten, vgl., S. 115. Darüber hinaus spricht die fortlaufende Paginierung dafür, daß Dieterich von Anfang an eine Ausgabe in Buchform plante oder zumindest in Erwägung zog.

Betrachtet man in diesem Zusammenhang die ersten Buchausgaben der »Vernünftigen Tadlerinnen« oder der »Discourse der Mahlern«, fallen bei aller übrigen Schlichtheit sofort die Titelkupfer allegorischen Inhalts, die dem ersten Stück vorangestellten Zueignungsschriften und Register am Ende auf, die freilich erst nachträglich, als es zur Zusammenfassung der Nummern in einem Band kommt, entworfen und verfaßt werden. Dergleichen Zierat und Beigaben fehlen in beiden Exemplaren des »Casselschen Zuschauers«, dessen erstes Stück zugleich die „Zueignungsschrift" (S. 4) ist. Verglichen mit anderen Ausgaben weist Raspes Wochenschrift demnach nicht allein inhaltlich, sondern auch äußerlich einen fragmentarischen Charakter auf. Das Erscheinungsbild, die formale Präsentation des Textes, läßt darauf schließen, daß Dieterich sein kaufmännisches Interesse an einer sorgfältig geplanten und attraktiv gestalteten Zusammenschau sämtlicher Stücke im Anschluß an die periodische Erscheinungsweise des »Zuschauers« in der Tat verloren haben muß.

So scheinen die beiden von mir eingesehenen Exemplare das Produkt einer gewöhnlichen Rekrutierung einzelner Nummern, möglicherweise sogar aus Restbeständen, zu sein. Weder in dem einen, noch in dem anderen Fall war es möglich, Näheres über den Erwerbungszeitraum oder den Erwerbungsweg des Wochenblatts zu erfahren. Doch läßt die Art der Einbände den Schluß zu, daß es sich in beiden Fällen um originäre Bibliotheksexemplare und nicht um solche aus Privatbesitz handelt.

2.3. Bezugsweg

Als Verlagswerk wurde der Vertrieb des »Casselschen Zuschauers« von Göttingen aus durch Johann Christian Dieterich besorgt. Reinhard Wittmann bezeichnet die Zeit zwischen 1770 und 1810, in die freilich auch das Erscheinen der Kasseler Wochenschrift fällt, als „Hochblüte des Pränumerations- und Subskriptionswesens" in Deutschland.[161] Während meiner Recherchen stieß ich schließlich auf eine Anzeige in der »Casselischen Policey= und Commercien=Zeitung« vom 8.6.1772, die erwartungsgemäß bestätigt, daß

---

[161] Wittmann (1977), S. 131.

zumindest ein Teil der Auflage über Pränumerationen, d.h. gegen Vorauszahlung, vergeben wurde. Unter der Rubrik „*Notificationes von allerhand Sachen*" heißt es dort: „*Es sind verschiedene, welche auf den Casselischen Zuschauer praenumerirt, gesonnen, ihre drey Exemplaria davon, allenfalls gegen die Hälfte der Praenumerationsgelder, wieder zu verlassen und auf die noch folgende[n] Stücke den Praenumerations=Schein auszuhändigen, wer solche an sich zu kaufen willens, beliebe sich in der Waisenhaus=Buchdruckerey zu melden.*"

Bemerkenswert an dieser Anzeige ist zweierlei: Offensichtlich distanziert sich ein quantitativ nicht näher bezeichneter Teil des Publikums von Raspes Wochenblatt.[162] Zum anderen läßt sich aus dem Verweis auf Pränumeranten, die sich offensichtlich zur Abnahme gleich mehrerer Exemplare von allen Nummern verpflichtet hatten, schließen, daß es sich hierbei möglicherweise um lokale Gefälligkeitspränumerationen handelte, die von Kasseler Persönlichkeiten, Kollegen, Bekannten oder Freunden Raspes mit dem Ziel unternommen wurden, einen Beitrag zur Finanzierung des Zeitschriftenprojekts zu leisten.

2.4. Raspe und das gelehrte Deutschland

Zum besseren Verständnis muß an dieser Stelle kurz auf Raspes soziales Umfeld, seine gesellschaftlichen Kontakte und Stellung in der gelehrten Welt verwiesen werden, denn der »Zuschauer« wird sicher nicht ohne Wissen und Mithilfe des engeren Bekannten- und Freundeskreises geplant und herausgegeben: Wie die meisten Wochenschriften, so basiert auch dieses Journal auf einer kollektiven Anstrengung, selbst wenn es nicht zu jenem Typus zählt, der, wie die »Discourse der Mahlern«, auf einer Verfassergesellschaft gründet oder, wie im Fall des »Patrioten«, aus einer gemeinnützigen Societät hervorgeht.

---

[162] Nach Durchsicht mehrerer Jahrgänge der damals einschlägigen deutschsprachigen Rezensionsorgane konnte ich keine Kritik finden, die über Wert und Charakter des »Casselschen Zuschauers« Auskunft gibt. Auch bei Strieder (1797) finden sich keine Angaben über eine Besprechung des Wochenblattes in einem kritischen Journal.

Raspes bedeutendste Jahre, während derer er seine Reputation mehren, seinen Bekanntheitsgrad steigern kann, fallen in die Kasseler Zeit zwischen 1767 und 1775. Zuvor hatte er die Aufmerksamkeit der gelehrten Welt bereits auf sich gelenkt, als er 1765 die vergessenen „Nouveaux essais sur l'entendement humain" des Gottfried Wilhelm Leibniz übersetzte und edierte. Weiterhin erwirbt sich Raspe auf dem Feld der Kunstwissenschaft und der Kunstkritik Ansehen durch seine Beschreibung der Kunstsammlung des Generals Johann Ludwig Graf von Wallmoden,[163] eines unehelichen Sohnes König Georgs II., und tritt dadurch in brieflichen Kontakt mit Winckelmann.

Sein Wallmoden-Katalog erscheint 1767 in Christian Felix Weißes »Neuer Bibliothek der Schönen Wissenschaften und der Freyen Künste«[164] und ist Raspe in zweierlei Hinsicht von Nutzen: einmal als Referenz, die ihm Zutritt verschafft zu einem vielversprechenden Betätigungsfeld unter Landgraf Friedrich II. von Hessen-Kassel,[165] das andere Mal, eher unfreiwillig, als eines der auslösenden Momente jener Fehde zwischen dem Hallenser Professor Christian Adolph Klotz und der »Berliner Schule«, um deren Haupt, Christoph Friedrich Nicolai, sich u.a. Lessing, Herder, Anna Louise Karsch und neuerdings auch Raspe scharen.

Dieser Gelehrtenstreit bietet für Raspe, der als Opfer der Kritik um so entschiedener gegen Klotz und dessen Partei vorgeht,[166] eine willkommene Gelegenheit, sich vor aller Augen wissenschaftlich zu situieren und ein unmißverständliches Bekenntnis zugunsten der einflußreichsten Köpfe der deutschen Spätaufklärung und des heraufziehenden Sturm und Drang abzulegen.[167]

Vor diesem Hintergrund erklärt sich Raspes beachtliche Korrespondenz mit der deutschen Geistesaristokratie seiner Zeit, die sich parallel zu diesem

---

[163] »Nachricht von der Kunstsammlung des Herrn Generals von Wallmoden mit ihren antiken und neueren Skulpturen«

[164] Vgl. S. 2 01-243.

[165] Vgl. Hallo (1934), S. 24.

[166] Raspes »Anmerkungen über die neueste Schrift des Herrn Geheimen Rath Klotz in Halle vom Nutzen und Gebrauch der geschnittenen Steine und ihrer Abdrücke«, Cassel, 1768, wurden von Nicolai positiv aufgenommen und persönlich rezensiert, vgl. »Allgemeine Deutsche Bibliothek«, Bd. X, 2, S. 96-102.

[167] Vgl. Mittler (1855), S. 6 f.

für Raspe noch bis 1774 andauernden Disput[168] beginnt auszuweiten und dem Kasseler Gelehrten fortan Respekt und Einfluß verschafft. In der Autographenkartei der Murhardschen Landesbibliothek stößt man daher auf so bekannte Briefabsender wie Herder, Lessing oder Nicolai, die zwischen 1767 und 1775 sämtlich Briefe mit Raspe wechseln.

Dieser Exkurs zu Raspes Eintritt in die kommunikativen Strukturen der Aufklärung und ihrer Protagonisten[169] soll zeigen, daß es dem Herausgeber des »Casselschen Zuschauers« nicht schwergefallen sein dürfte, aus seinem Bekannten- und Freundeskreis hochkarätige Köpfe für die Mitarbeit an seiner Wochenschrift zu mobilisieren oder doch wenigstens für die Pränumerantenwerbung als Kollekteure zu gewinnen.

In unseren Gesichtskreis rücken in diese Zusammenhang vorzüglich Namen aus der unmittelbaren Umgebung des Gelehrten: Personen wie der Göttinger Professor, Leiter der dortigen Bibliothek und langjährige Freund Raspes, Christian Gottlob Heyne, der wie Raspe Mitglied der Göttinger Gesellschaft der Wissenschaften ist und dort sowohl das Amt eines Sekretärs als auch die Aufgabe des Direktors der »Göttingischen Anzeigen von Gelehrten Sachen« versieht. Dieses Journal rezensiert sowohl Raspes geologisches Erstlingswerk, die 1763 erschienenen »Specimen Historiae Naturalis (...)« als auch eine seiner bedeutendsten Arbeiten während der Kasseler Professorenjahre, den 1774 in Kassel edierten »Beytrag zur allerältesten und natürlichen Historie von Hessen (...)«.[170] Darüber hinaus wird seine »Nachricht von einigen Niederhessischen Basalten (...)« 1771 in der Schriftenreihe der Göttinger Gesellschaft der Wissenschaften[171] abgedruckt.

Zu den Bewunderern Raspes zählen die Herausgeber des gleichfalls bei Dieterich verlegten »Göttingischen Musenalmanachs« Heinrich Christian Boie und Friedrich Wilhelm Gotter, die ihn mehrmals um Manuskripte für ihr

---

[168] Vgl. hierzu den Briefwechsel seit 1772 zwischen Gleim, Jacobi und Raspe, in: Mittler (1855), S. 69 ff.

[169] Den Brief, die Publizistik und die Sozietäten führt Bödeker (1987) als „spezifische aufklärerische kommunikative Situationen" an, vgl. S. 92.

[170] Vgl. Hallo (1934), S. 35, S. 82 f. Gleichwohl findet sich keine Besprechung des »Casselschen Zuschauers« in diesem gelehrten Rezensionsorgan, das sich der Kritik vorwiegend wissenschaftlicher Texte widmet.

[171] Vgl. Teutsche Schriften der Königlichen Societät der Wissenschaften in Göttingen (1771), S. 72-83.

Periodikum bitten.[172] Einer der engsten Vertrauten Raspes Ludwig Julius Friedrich Höpfner, der als Professor der Rechte gleichfalls am Kasseler Carolinum lehrt, bevor er 1771 nach Gießen wechselt, knüpft die Kontakte zum Darmstädter Kreis, zu Merck und Goethe. Vermutlich auf Raspes Empfehlung hin rezensiert auch er in Nicolais »Allgemeiner Deutscher Bibliothek«.[173] Zu den loyalen Wegbegleitern Raspes gehört weiterhin der Professor für militärische Wissenschaften Jakob Mauvillon, für dessen Berufung 1771 sich Raspe bei von Canngießer, dem Hessischen Staatsminister und Kurator des Carolinums, einsetzt. In Mauvillon erwächst ihm ein zuverlässiger Freund, der auch nach der überstürzten Abreise Raspes aus Kassel im Herbst 1774 Kontakt hält und den Flüchtigen auffordert zurückzukehren, damit er seine Schulden begleiche und sein Ansehen nicht weiter beschädige. Das mehrdeutige Verhältnis zwischen Johann Christian Gustav Casparson, dem Lehrer der Schönen Wissenschaften am Kasseler Carolinum, und Raspe[174] harrt hingegen noch seiner Aufarbeitung. Dennoch gelten die beiden Männer „der Welt als Freundespaar" und bilden „die ständige Deputation des Carolinums".[175]

In einem Brief vom 17. Juli 1770, den Boie an Casparson adressiert, spielt der Mitherausgeber des »Göttinger Musenalmanachs« auf zu erwartende Beiträge des Kasseler Professors an und auf solche gemeinsamer Freunde und Bekannte: Es fallen die Namen Höpfner, Merck und Raspe.[176] Die Briefe Boies und Gotters erweisen sich insgesamt für die Rekonstruktion der Verbindungslinien innerhalb der gelehrten Welt als aufschlußreich, geben sie

---

[172] Vgl. Briefe Boies an Raspe vom 29.8.1769, 2.6.1770, 17.7.1770, 31.8.1770 und 18.6.1771, in: Mittler (1855), S. 15 ff. Boie, der Raspes 1766 erschienene Ballade »Hermin und Gunilde, eine Geschichte aus der Ritterzeit«, euphorisch als „erste Romanze der Deutschen" feiert, vgl. Hallo (1934), S. 15, muß von Raspes dichterischem Talent, sollte er ihm nicht nur geschmeichelt haben, überzeugt gewesen sein. Mittler meint jedoch, daß Raspe in der Folgezeit seine poetischen Arbeiten, die sich zumeist auf Epigrammatisches beschränkten, bestenfalls „handschriftlich unter den Freunden circulieren ließ" und sich der Öffentlichkeit nunmehr als Kritiker „auf schöngeistigen Gebieten" präsentierte, vgl. S. 3. Ob ihm der »Zuschauer« als Medium seines Kunstrichtertums diente, wird zu überprüfen sein.

[173] „Der gute Nicolai schickt mir Geld über Geld, Lobsprüche über Lobsprüche, Bücher über Bücher, und fleht um Recensionen (…)", vgl. Brief Höpfners an Raspe vom 30.11.1771, in: Mittler (1855), S. 61.

[174] Vgl. Hallo (1934), S. 102 ff.

[175] Ebd., S. 103.

[176] Vgl. Mittler (1855), S. 29.

doch meist namentlich Hinweise darauf, welche Kreise als würdig befunden werden, gemeinsam unter dem poetischen Dach des »Musenalmanachs« zusammenzukommen. Ein Indiz für die Sympathien und Gewogenheiten untereinander bilden die regelmäßigen Grüße an gemeinsame Freunde oder Bekannte, wodurch das Netz der Verbindungen transparent wird: Beleuchtet wird das soziale Gefüge einer Gruppe, der man insofern Homogenität unterstellen kann, als es sich bei ihren Mitgliedern durchweg um Angehörige einer bürgerlich-schriftstellerischen Bildungselite aus der zweiten Hälfte des 18. Jahrhunderts handelt.

2.5. Die Achse Kassel - Göttingen

Boies Briefe an Raspe, die sich gelegentlich wie das »Who's Who« des gelehrten Deutschlands lesen, sind überdies beredter Beweis für die geistig-kulturelle Achse zwischen Kassel und Göttingen, für das intellektuelle Band, welches durch die Gründung der Georgia Augusta auf der einen und des Collegium Carolinum auf der anderen Seite, zwischen der Residenz- und der Universitätsstadt geknüpft wurde. Symptomatisch für diese enge Bindung, die nicht etwa aus Kontakten der Herrscherhäuser zueinander resultiert, sondern aus Freundschaftsbünden bürgerlicher Intellektueller, wird in Boies wie in Friedrich Wilhelm Gotters Briefen die gleiche gelehrte Nomenklatur beider Städte buchstabiert: Raspe, Casparson, Höpfner und Johann Heinrich Tischbein d.Ä. auf der einen, Heyne und Kästner[177] auf der anderen Seite. „Durch ihre Briefwechsel", schreibt Hanno Beck, „haben sie Kassel in die große Gelehrtenrepublik des 18. Jahrhunderts einbezogen."[178]

„Wenn von der kulturellen Bedeutung Göttingens im 18. Jahrhundert die Rede ist, so bezieht sich das in erster Linie auf seine Universität", heißt es im Ausstellungskatalog anläßlich der 56. Versammlung deutscher Philologen und Schulmänner.[179] Ein hochkarätiger Lehrkörper und eine exzellente Bibliothek machen die nahgelegene Stadt an der Leine für die Kasseler Pro-

---

[177] Gemeinsam mit Abraham Gotthelf Kästner, dem Professor für Mathematik in Göttingen, hatte Raspe seinerzeit die Leibniz-Manuskripte ediert, vgl. Lücke (1960), S. 178 f.
[178] Beck (1952), S. 53.
[179] Steinberger (1927), S. 1.

fessorenschaft attraktiv; umgekehrt betrachtet man, freilich nicht nur von Göttingen aus, die Residenzstadt, welche unter der Herrschaft Landgraf Friedrichs II. ihre Blütezeit erlebt, als einen „Orte, der der Kunst so heilig ist",[180] und euphorische Sympathiebekundungen wie die folgenden finden sich in den Briefen an Raspe von mehreren Seiten: *„Ich bin so voll von Caßel, daß alle meine Bekannte meinen, ich möchte mich da verliebt haben, sonst ließe sich das nicht erklären."*[181] Herder spricht gar von den „Beaux Esprits des glänzenden Kassels",[182] und Gotter schließlich schwärmt: *„Die wenigen Tage, die ich itzt und neulich in Caßel zugebracht habe, gehören zu den vergnügtesten meines Lebens."*[183]

Raspes »Casselscher Zuschauer«, dem der Leser, wie wir noch sehen werden, Beobachtungen des Kulturbetriebs dieser ganz der Repräsentation verpflichteten Residenzstadt und Beschreibungen des öffentlichen Lebens entnehmen kann, dürfte den Zeitgenossen also nicht nur als marginales Provinzblatt gegolten haben. Zur Zeit ihres Erscheinens bezieht diese Wochenschrift ihre Attraktivität sowohl aus der Popularität des Herausgebers[184] als auch aus ihrem topographischen Bezugsrahmen.

2.6. Verbreitung

Der virtuelle Verbreitungsradius des »Casselschen Zuschauers« umfaßt, wie uns die stereotype Nachricht[185] unter jedem Stück zu verstehen gibt, ganz Deutschland. In der Praxis wird sich dieser jedoch auf solche Städte und Landstriche beschränkt haben, die entweder Teil der Landgrafschaft selbst waren oder aber an den Rändern der an Hessen-Kassel angrenzenden Terri-

---

[180] Brief Boies an Casparson vom 17.7.1770, in: Mittler (1855), S. 29.
[181] Brief Boies an Raspe vom 31.8.1770, in: ebd., S. 30.
[182] Brief Herders an Raspe vom Mai 1771, in: ebd., S.4 6 f.
[183] Brief Gotters an Raspe vom 1.9.1769, in: Mittler (1857), S. 67.
[184] Obgleich sich dieser unter dem anonymen Deckmantel des „Zuschauers" versteckt, war seine Herausgeber- und Verfasserschaft zumindest den Freunden bekannt, vgl. Hallo (1934), S. 81.
[185] „Diese Wochenschrift kommt alle Montage heraus, und ist in Göttingen und Gotha bey Joh. Christ. Dieterich zu haben, wie auch in allen Buchhandlungen Deutschlands. Das Stück kostet 6 Pfen. in einer jeden Handlung."

torien lagen. Möglicherweise ist der »Zuschauer« überdies in solche Gegenden vorgedrungen, wohin Raspe verwandtschaftliche oder bekanntschaftliche Beziehungen unterhält. Da dererlei Verbindungen, wie wir gesehen haben, zahlreich sind, verteilen sich die in Frage kommenden Lokalitäten geradezu sternförmig um die Zentren Kassel und Göttingen: im Norden Braunschweig, wo Raspes Schwester Catharina und sein Korrespondenzpartner Johann Arnold Ebert leben, sowie Hannover, Raspes Heimatstadt und der Ort, in dem er als Bibliothekssekretär, Herausgeber der Leibniz-Essays und Beiträger des »Hannoverschen Magazins«[186] wirkte; im Südwesten Gießen, wo sich Raspes Freund Höpfner aufhält. Östlich von Kassel verfügt Raspe schließlich über Kontakte zu Gleim in Halberstadt und offensichtlich auch zu Friedrich Just Riedel in Erfurt.[187] Ob sein Onkel in (Hann.) Münden, der Hainbunddichter Johann Konrad von Einem,[188] dessen Epigramme und kleine Gedichte im »Göttinger Musenalmanach« von 1786 und 1787 abgedruckt sind,[189] in der Funktion eines Kollekteurs ebenso fleißig Pränumeranten warb wie seinerzeit Subskribenten für Klopstock,[190] darüber könnten die noch erhaltenen fünf Briefe an Raspe in der Handschriftenabteilung der Murhardschen Landesbibliothek Auskunft geben.

---

[186] Eine Reihe früher Besprechungen und Übersetzungen Raspes aus dem Englischen und Französischen erscheint in diesem Journal. 1763: »Ueber den Beyfall« und »Nachricht von den Gedichten des Oßian, eines alten schottischen Barden; nebst einiger Anmerkungen über das Alterthum derselben.« 1765: Jean-François Marmontels »Laurette. Eine Erzählung«, die möglicherweise aus dessen Sammlung moralischer Erzählungen, den »Contes Moraux«, herausgelöst ist. Und schließlich 1766: »Auszug aus des Herrn dü Hamel [Duhamel Du Monceau] Nachricht von Entzündungen und Feuersbrünsten, die von selbst entstanden« sowie Bishop Percy's »Reliques of Ancient English Poetry«.

[187] Mittler behauptet, daß Riedel, obwohl dieser zum Klotz-Kreis rechnet, um die Beteiligung Raspes an der »Erfurter Gelehrten Zeitung« nachsuchte, vgl. Mittler (1855), S. 7.

[188] Vgl. Hallo (1934), S. 14. Heinrich Lücke (1960) bestreitet in seinem Aufsatz allerdings, daß es sich hier um eine Verwandtschaft ersten Grades handelt, vgl. S. 177. Anderseits bezeichnet Charlotte von Einem den Kasseler Rat und Professor als einen „nahen Verwandten" ihres Vaters und zitiert Raspe, der sie selbst sein „liebes Cusinchen" nannte, vgl. Steinberger (1923), S. 132 f.

[189] Vgl. die biographischen Skizzen im »Deutschen Biographischen Index« (1986), Bd. 1, S. 476.

[190] Vgl. Steinberger (1923), S. 6 f.

2.7. Mitarbeiter

Größere Gewißheit als über den tatsächlichen und nicht nur potentiellen Verbreitungsgrad des »Casselschen Zuschauers« besitzen wir indes über eine kleine Gruppe, die einen oder mehr Beiträge zu Raspes Wochenschrift beisteuert. Zu diesem Kreis zählen Jakob Mauvillon, Heinrich Christian Boie und Johann Konrad von Einem.

Folgt man dem Artikel über Raspe im „Dictionary of National Biography", so war Mauvillon Mitherausgeber des »Zuschauers«.[191] Immerhin läßt es die Quellenlage zu, den Professor für Militärwissenschaft am Carolinum als Verfasser eines Essays (8. Stück) über die Kasseler Sprechbühne auszumachen.[192]

Was Boies Beitrag zum »Zuschauer« betrifft, so gibt eine Briefstelle Auskunft, in der es heißt: *„Zu dem unvollendeten Stücke des Zuschauers konnt'ich keinen andern Zusatz unter meinen Papieren finden, als ein ernsthafteres Fragment, das freylich noch nicht so ist, wie es seyn sollte, doch sich so ziemlich für die Stelle zu schicken schien. Ich will mich freuen, wenn es Ihnen nicht ganz mißfällt. Der Buchdrucker hat wider meine Absicht die letzte Seite leer gelaßen. Ich dachte, das Gedicht würde den ganzen leeren Raum ausfüllen; wenn er mirs gesagt hätte, daß es nicht hinreichte, so hätte dem leicht abgeholfen werden können."*[193]

Es ist nicht schwer herauszufinden, um welchen Text Boies es sich hier namentlich handelt, da die Wochenschrift über keine weiteren lyrischen Einschübe verfügt: »Herbstbetrachtungen an Belinde« ist das Fragment betitelt, womit der »Zuschauer« das letzte uns überlieferte 24. Stück beschließt. Darüber hinaus kann man des Verfassers Kritik an der mißglückten Seitenaufteilung leicht nachvollziehen: Der Drucker hatte offensichtlich darauf verzichtet, die Elegie großzügig abzusetzen und füllte statt dessen die nunmehr leerstehende letzte Seite dieser Nummer behelfsweise mit jener »Nachricht«,

---

[191] Dictionary of National Biography by Sidney Lee (1896), Vol.XLVII, S. 301, London. Vgl. auch Strieder (1797), S. 233.

[192] Mauvillons Biograph Jochen Hoffmann (1981) verweist auf einen Brief an Raspe von 1772 (Murh.,4° Ms Hist.litt.2, fol.25), in dem Mauvillon „die Übersendung eines Artikels an[kündigt], den er als Auftakt einer Reihe über das Kasseler Theaterleben verstanden wissen wollte", vgl. S. 70.

[193] Brief an Raspe vom 20.6.1772, in: Mittler (1855), S. 40.

die das Publikum über das Nichterscheinen des »Zuschauers« „innerhalb vierzehn Tagen" (s.o.) informiert. Was normalerweise unter den Haupttext, abgetrennt durch eine Linie, gehörte, steht so, allein aus optischen und nicht, wie mancher Interpret glaubt, aus inhaltlichen Gründen an zentraler Stelle. Bemerkenswert ist auch, daß sich in der zitierten Briefstelle Boies kein Hinweis auf ein bevorstehendes Ende der Wochenschrift findet.

Etwas anders sieht die Beweislage dagegen bei von Einem aus: Im »Zuschauer«, dessen Artikel, wie es typisch ist für eine Sittenschrift, völlig anonym erscheinen, findet sich dennoch ein Stück, unter das der Verfasser sein unchiffriertes Kürzel gesetzt hat.[194] Unter eine in Versen abgefaßten Zuschrift »An den Zuschauer« im 5. Stück sind die Buchstaben *»v.E.«* gesetzt. Mittler schließt zu Unrecht, daß es sich hierbei um den Herausgeber der 1783 in Marburg verlegten »Hessischen Poetischen Blumenlese« Hans Adolf Freiherr von Eschstruth handelt.[195] In Kenntnis der fünf Briefe, die von Einem zwischen 1772 und 1773 an Raspe sendet, weist zuerst Julius Steinberger auf die wahre Verfasserschaft des Mündener Hainbruders hin.[196]

In der Literatur als Beiträger namentlich aufgeführt wird schließlich auch von Knebel. Doch stoßen wir hier sogleich auf Widersprüche: Während Mittler behauptet, es handele sich um den Bruder des Offiziers in preußischen Diensten, den weniger bekannten Christian von Knebel,[197] geht Hallo, leider ebenfalls ohne Angabe der Quellen, von einer Beiträgerschaft Karl Ludwig von Knebels aus.[198] Tatsächlich befinden sich in Raspes Nachlaß insgesamt 17 Briefe des preußischen Offiziers, hingegen kein einziger seines Bruders Christian. Außerdem pflegt Karl Ludwig von Knebel während seiner Potsdamer Militärzeit Kontakte zu den Berliner Literaten Ramler, Karsch, Nicolai, Mendelssohn[199] und begleitet 1770 Boie auf dessen Spaziergang durch die Anlagen von Schloß Sanssouci.[200] Karl Ludwig von Knebel, dieser Dichter

---

[194] Daneben erscheint etwa unter der Hälfte aller Nummern die Abkürzung »Z.«, die, so dürfen wir annehmen, für »Zuschauer« steht.
[195] Vgl. Mittler (1855), S. 9.
[196] Vgl. Steinberger (1923), S. 7.
[197] Vgl. Mittler (1855), S. 4/9.
[198] Vgl. Hallo (1934), S. 81.
[199] Vgl. Allgemeine deutsche Biographie (1882), S. 276.
[200] Vgl. Weinhold (1868/1970), S. 32 f.

poetischer Nebenstunden und Mitautor des »Göttinger Musenalmanachs«, kommuniziert in denselben Kreisen wie Raspe, gehört wie dieser der Gelehrtenrepublik des 18. Jahrhunderts an. Dadurch wird seine Beiträgerschaft zum »Casselschen Zuschauer« zwar immer noch nicht bewiesen, aber wahrscheinlich. Gewißheit versprechen möglicherweise auch hier die noch erhaltenen Briefe in der Murhardschen Landesbibliothek. Die Durchsicht des gedruckten Nachlasses[201] ergab allerdings keine neuen Erkenntnisse.

Das Beispiel von Knebels zeigt freilich, daß sich aus Raspes vielfältigen Verbindungen, seiner privaten Korrespondenz und Kommunikation innerhalb der Welt der Aufklärer, eine Vielzahl von Möglichkeiten der Mitarbeiterschaft am »Casselschen Zuschauer« ergibt. Strenggenommen gilt so jeder Briefpartner des Kasseler Gelehrten als potentieller Beiträger. Doch schließlich kann nur eine sorgfältige Auswertung des handschriftlichen Nachlasses und neben der inhaltlichen Analyse eine solche des Stils zeigen, welche persönliche Handschrift jede einzelne Nummer trägt.[202] Vor dem Hintergrund von Raspes reger geistiger Tätigkeit können wir immerhin davon ausgehen, daß die zahlreichen Opern-Essays von ihm selbst verfaßt wurden: 1769 liefert Raspe eine Übersetzung von Algarottis »Versuche über die Architectur, Mahlerey und musicalische Opera«, auf die sich der »Zuschauer« im 19. Stück bezieht.

2.8. Auflage und Leserschaft

Zur geschätzten Auflagehöhe moralischer Wochenschriften meint Joachim Kirchner, daß hier „ohne Frage (...) die Persönlichkeit des Herausgebers eine entscheidende Rolle spielte." Demzufolge müßte man den »Casselschen Zuschauer« wohl in eine Reihe stellen mit den auflagestärksten Sittenschriften. Andererseits hat es nach den Erfolgen der 1720er Jahre mit

---

[201] Karl Ludwig von Knebels literarischer Nachlaß und Briefwechsel, hg. v. K.A. Varnhagen von Ense und Th. Mundt, 3 Bde., Leipzig, 1835.

[202] Andererseits gibt Martens (1968) zu bedenken, daß „eine Untersuchung des einzelnen Stücks nach Gehalt und Stil nur selten zu eindeutigen Ergebnissen über seinen Verfasser führen wird", da „das Gesetz der Gattung weitgehend über mögliche individuelle Neigungen und Temperamente dominiert", S. 136.

Auflagen von bis zu 5000 Stück pro Nummer keine Wochenschrift mehr gegeben, die mit vergleichbaren Zahlen hätte aufwarten können. Als Modeerscheinung der ersten Hälfte des 18. Jahrhunderts konnten die Sittenschriften in der Folgezeit kaum mehr an die große Popularität von damals anknüpfen. Freilich mußte das Auswirkungen haben auf die Berechnung der Auflagehöhe. Hinzu kommt, daß der »Casselsche Zuschauer« seine regionale Perspektive stärker betont als etwa der Hamburger »Patriot«. So heißt es im ersten Stück programmatisch: *„Mein Auge wird meines Standpuncts wegen mehr auf Hessen als andre Länder fallen; und es wird sich mit Vergnügen darauf heften, da eine Reihe vortrefflicher Fürsten an seiner Cultur und Schönheit gebauet und die Natur selbst diesem Lande große Vorzüge gegeben hat"* (S. 7).

Aus diesem patriotischen Bekenntnis des »Zuschauers« zu Kunst, Kultur und Landschaft eines bestimmten Territoriums resultiert ein regionaler, ja lokaler Themenschwerpunkt, den der Titel bereits prognostiziert. Somit dürfte sich die tatsächliche Leserschaft auch in erster Linie aus dem heimischen Publikum rekrutiert haben. Obgleich der Ruf Kassels als einer Kunstmetropole in der Mitte Deutschlands dem Verkauf der Wochenschrift auch jenseits der Landesgrenzen förderlich gewesen sein dürfte, visiert der »Zuschauer« vor allem das heimische Stadtbürgertum als Adressat seiner wöchentlichen Blätter an: *„Der Casselsche Zuschauer will seinen Mitbürgern zeigen, was ihnen Natur und Kunst, Gott und ihre Landesherren für Vorzüge (...) in die Hände gegeben haben"* (S. 31).

„Die Geschichte der Stadt Kassel während der zweiten Hälfte des 18. Jahrhunderts ist weder quellenmäßig ausreichend erschlossen noch wissenschaftlich angemessen aufgearbeitet", moniert Hans Erich Bödeker,[203] und noch zehn Jahre später bildet die Erforschung der lokalen Lesergeschichte ein Desiderat.[204] Immerhin zeigt die erste aus bislang ungenutzten Quellen gearbeitete Studie zu den Leihbibliotheken in Hessen-Kassel, daß sich diese der Lesepraxis und der Leserexpansion in jeder Hinsicht förderliche Institution bereits seit den 1750er Jahren beginnt, in der Residenzstadt zu etablie-

---

[203] Bödeker (1982), S. 56.
[204] Vgl. Meidenbauer (1991), S. 125.

ren.[205] Dennoch ändert sich an der sozialen Zusammensetzung des traditionellen Lesepublikums bis zur Jahrhundertwende zunächst wenig: Die Klientel der frühen Leihbibliotheken rekrutiert sich in erster Linie aus Kreisen des Besitz- und Bildungsbürgertums sowie aus Teilen des Adels.[206] Damit unterscheidet sich Kassel nicht von anderen Städten des Reichs, wobei hier aufgrund der Nähe zum Hofe der Anteil der Beamten und des Adels an der Leserschaft sicher größer ist als etwa in den großen Handelsmetropolen Hamburg, Leipzig oder Frankfurt.

Nach einer zeitgenössischen Schätzung von 1805[207] beläuft sich zu dieser Zeit die Summe aus Beamten, landesherrlichen Bediensteten, Miltärangehörigen und Mitgliedern des ersten Standes auf 3000 Personen: Damit gehört zu Beginn des neuen Jahrhunderts ein Siebtel der mit 21 000 Einwohnern angenommenen Gesamtbevölkerung Kassels zum Kreis potentiell Lesender, wozu Kaufleute, Manufakturisten und die akademischen Berufe (Ärzte, Juristen) noch hinzuzurechnen wären. Diese Angabe, die sich von der Bevölkerungsstatistik dreißig Jahre zuvor wenig unterscheiden dürfte,[208] gibt freilich nur einen ungefähren Anhaltspunkt bei der Spekulation über Zusammensetzung und Größe eines städtischen Publikums, das sich für Raspes Wochenschrift hätte interessieren können. Zwar erscheint vor diesem Hintergrund eine Auflage von etwa 1000 Stück pro Nummer, Überschußexemplare mitgerechnet, nicht utopisch,[209] die Erfahrung lehrt jedoch etwas anderes: In aller Regel bewegt sich die Zahl der Abnehmer einer moralischen

---

[205] Vgl. Sirges (1989), S. 16 ff.
Der Zeitpunkt zur Konstituierung einer regelrechten Lesegesellschaft liegt allerdings später: 1790 versucht der Schauspieler Carl Ludwig Christian Neuhaus einen „gelehrten oder literarischen oder Club für Künste und Wissenschaften" in der Residenzstadt zu gründen. Sein Genehmigungsersuch bescheiden die Behörden allerdings negativ, vgl. Meidenbauer (1991), S. 401 ff.

[206] Vgl. ebd., S. 471 f.

[207] Vgl. Krieger (1805), S. 93.

[208] Für diesen Zeitraum gibt es keine zuverlässigen Zählungen, da „die Statistiken der damaligen Zeit nicht die Gesamteinwohnerzahl, sondern lediglich die steuerfähigen oder wehrpflichtigen Personen erhoben", Wunder (1983), S. 14.

[209] Diese Zahl entspricht überdies der „normalen Auflagehöhe der Zeitschriften des 18. Jahrhunderts" und sichert dem Verleger die Aussicht auf Gewinn zu. Joachim Kirchner betont in diesem Zusammenhang die gängige Diskrepanz zwischen Auflagehöhe und tatsächlich abonnierten Exemplaren, danach bildet 1000 nur die „Ausgangsziffer", und „wenn von dieser Auflage 7-800 Exemplare im Abonnement vertrieben wurden, so konnten die Verleger wohl ganz gut dabei bestehen", Kirchner (1928), S. 56.

Wochenschrift zwischen 100 und 500 Personen.[210] Diese auf den ersten Blick kleine Käuferschar[211] darf allerdings nicht gleichgesetzt werden mit der Gruppe der Leser, die jene an Umfang übertraf, finden sich doch für ein Exemplar meist mehrere Interessenten, wandern damals noch Bücher und Journale von Hand zu Hand, so daß die Zahl der Rezipienten höher zu veranschlagen ist als die der Abonnenten und der übrigen Käufer.

Als vorteilhaft für die Verbreitung des »Casselschen Zuschauers« über die Grenzen der Landgrafschaft hinaus erweisen sich jedoch immerhin Verlagsort und Verleger. Im Gegensatz zur desolaten Situation des Buchhandels und der Druckereien in der Residenzstadt,[212] die sich wegen der staatlich forcierten Monopolstellung der Waisenhausdruckerei kaum entfalten können,[213] zählt Göttingen bereits seit der ersten Jahrhunderthälfte zu den führenden Verlagsorten in der Zeitschriftenproduktion.[214]

Erst recht mußte der Popularisierung des »Zuschauers« Dieterichs prosperierende Verlagsbuchhandlung zugute kommen, in der zu dieser Zeit u.a. ein so bekannter Titel wie der »Göttinger Musenalmanach« erscheint. Positiv auf die Vermarktung konnte sich schließlich auch die Zusammenlegung von Produktion, Vertrieb und Sortiment unter einem Dach auswirken: Dieterich, der, um die Verkaufschancen zu erhöhen, auch schon mal konzeptionell in die Textplanung eingreift,[215] betreut die bei ihm erscheinenden Schriften über deren Drucklegung bis hin zur Distribution und zum Verkauf, wozu er sich neben den hauseigenen Sortimentskatalogen vor allem der regelmäßi-

---

[210] Die große Zahl moralischer Wochenschriften und die daraus resultierende Konkurrenz auf dem Zeitschriftenmarkt macht es einzelnen Gattungsvertretern nicht eben leicht, sich zu verbreiten, vgl. Martens (1968), S. 112 f.

[211] Selbst die »Frankfurter Gelehrten Anzeigen« konnten nur ca. 200 Exemplare absetzen, und die Auflage des »Wandsbecker Bothen«, an dem so viele bekannte Schriftsteller mitwirkten, belief sich auf lediglich 400 Stück, vgl. Wilke (1978), T.2, S. 106, 116.

[212] In einem Bericht vom 7.12.1803 wirft der Kasseler Magistrat den ansässigen Buchhändlern vor, daß diese „so wenig Verlag haben, daß sie den Leipziger und anderen Buchhändlern für die von diesen zu beziehende Bücher nichts als baares Geld und nur so wenige eigene Verlagsartikel dagegen geben können, daß der geringe Tausch gar nicht in Betrachtung kommen kann", zitiert nach: Meidenbauer (1991), S. 140.

[213] Vgl. ebd., S. 132 ff.

[214] Vgl. Kirchner (1931), S. 330.

[215] Vgl. Dieterichs Vorschläge zur Konzeption des »Göttinger Musenalmanachs«, in: Willnat (1993), S. 31 ff.

gen Eintragung in die Leipziger Meßkataloge bedient. Von den Strukturen des Göttinger Verlagshauses und den vielfältigen unternehmerischen Kontakten Dieterichs konnte sich demnach auch ein Zeitschriftenprojekt wie das des »Casselschen Zuschauers« Vorteile bei der Kontaktierung einer größeren, möglicherweise sogar überregionalen Leserschaft versprechen, wobei die Grenze von 500 Exemplaren pro Stück dennoch schwerlich überschritten worden sein dürfte.

2.9. Motive des Herausgebers

Abschließend stellt sich die Frage nach Raspes Beweggründen für die weitgehende Verselbständigung seiner journalistischen Ambitionen, die sich in der Herausgabe des »Casselschen Zuschauers« zum ersten und übrigens auch zum letzten Mal Bahn bricht.

Die Biographie des Gelehrten in fürstlichen Diensten scheint hier einer einseitigen Legendenbildung Vorschub zu leisten. Bei Strieder, den Hallo bezogen auf dessen Haltung zu seinem Kollegen Raspe als „mißgünstig"[216] charakterisiert und der in seinem hessischen Gelehrtenlexikon weit mehr Raum auf die Verfehlungen als auf die Verdienste Raspes verwendet, erfährt man, daß sich der »Zuschauer« "schon mit dem 24sten Stücke verkroch (...), weil er sein projektirtes Conto nicht fand."[217] Noch Carswell befindet über die Beweggründe, die zur Herausgabe des »Casselschen Zuschauers« führten, daß sich mit diesem Zeitschriftenunternehmen ein vorwiegend kommerzielles Interesse verband: *„The Casselischer Zuschauer - The Cassel Spectator - had been started (...) as a purely commercial venture (...) The hope was that the Zuschauer would attract some of the readers who liked chatty magazines of the Spectator type, and tempt some of their money into the pockets of the projectors."*[218]

Nun geht es Carswell sicher nicht wie Strieder darum, dem Herausgeber bewußt niedere Absichten zu unterstellen, doch betont schließlich auch er

---

[216] Hallo (1934), S. 35.
[217] Strieder (1797), S. 233.
[218] Carswell (1950), S. 71.

den materiellen Pragmatismus mit einer bemerkenswerten Ausschließlichkeit. Carswells These entbehrt freilich nicht einer gewissen Logik, denn die skandalöse Entwendung von Münzen aus dem fürstlichen Kabinett hat Raspe nicht nur den Ruf eines niederträchtigen Betrügers eingebracht, sie beleuchtet zugleich die finanzielle Misere des Gelehrten, der hoch verschuldet glaubte, durch die Veruntreuung einiger ihm anvertrauter Werte seine Probleme unbemerkt lösen zu können.

Raspes Cousine Charlotte von Einem unterstreicht in ihren Jugenderinnerungen noch einmal den Zusammenhang zwischen finanzieller Not und krimineller Handlung: *„Leider nahm es aber nach einigen Jahren ein schlimmes Ende mit diesem damals auch in der Litterarischen Welt angesehenen Manne. Er hatte die Rechnung ohne Wirth gemacht. Die elenden Besoldungen in Hessen wo der Prof: an Carolino 300 Thlr. hatte - und das kostspielige Leben in höhern Zirkeln - die schöne Frau die so gar an Hof gezogen wurde - Alles trug bey ihn tief in Schulden zu stürzen. Er vergriff sich an den Juweelen die unter seiner Aufsicht im Musäo waren mit Hülfe von Juden und Goldarbeitern wurden falsche Steine eingesezt."*[219]

Da Carswell keine Quelle für seine Behauptung, es handele sich bei Raspes »Zuschauer« um ein rein kommerzielles Unternehmen, angeben kann, steht zu vermuten, daß der Autor seine These allein auf das Wissen um die dramatische Finanzlage des Kasseler Professors stützt. Der Suche nach weiteren Motiven wird durch die vordergründige Plausibilität dieser Behauptung freilich der Weg abgeschnitten. Doch schon aufgrund der zu veranschlagenden niedrigen Auflagehöhe (s.o.) fällt es schwer zu glauben, daß sich der Autor über die Herausgabe einer spectatorischen Schrift hätte finanziell sanieren können. Auch in Raspes Fall besitzt das Geschäft mit dem »Zuschauer« wohl eher den Charakter eines Zubrots - wenn überhaupt, denn es konnte vorkommen, daß Dieterich seine Autoren statt in Bargeld in Büchern entlohnte: *„Dieterich, dessen Firma noch verschuldet war, geriet nicht selten in eine bedrängte Situation, wenn es darum ging, Honorare auszuzahlen. Bargeld war auch bei ihm, wie bei den Verlegern des 18. Jahrhunderts allgemein, knapp."*[220]

---

[219] Steinberger (1923), S. 133
[220] Willnat (1993), S. 80.

Selbst der Preis von sechs Pfennigen pro Stück, dessen Umfang einen halben Bogen (= acht Seiten) umfaßt, läßt es nicht zu, hier von einem ausgeprägten Geschäftssinn oder gar Gewinnstreben zu sprechen. Eher liegt der Stückpreis unter der für die Zeit nach 1740 angenommenen durchschnittlichen Marke von acht Pfennigen,[221] wobei sich die zu entrichtende Summe bei Vorauszahlung (Pränumeration) noch einmal dezimierte.

Im Gegensatz zu Carswell betont dann auch Wolfgang Martens gerade das altruistische Interesse, die uneigennützigen Beweggründe der Aufklärer, die für die Herausgabe einer Sittenschrift entscheidend waren: *„Sie sah[en] in ihr offenbar ein wertvolles Medium publizistischen Wirkens, und bei allem Unmut über die miserablen Vertreter der Gattung haben sich die führenden Federn ihr doch immer wieder anvertraut."*[222]

Vor diesem Hintergrund erscheint es zu kurz gegriffen, Raspes publizistisches Engagement allein auf dessen Geldnot und finanzielle Hoffnungen reduzieren zu wollen, vielmehr führt dieser in guter aufklärerischer Manier das Anliegen zahlreicher Schriftstellerkollegen fort, indem er seinen Teil zur Konstituierung einer öffentlichen Meinung in den Grenzen der hessischen Landgrafschaft beiträgt;[223] denn daß hier, wenn auch kein mediales Vakuum, so doch der Bedarf nach Belehrung und Unterhaltung besteht, darauf deutet der »Zuschauer« bereits in seinem ersten Stück, sich gleichsam legitimierend, hin: *"(...) da ich sie [die Zuschauer in allen Ländern Europas] nachzuahmen anfange in einer Stadt und einem Lande, denen es noch an einem Zuschauer, keineswegs aber am Stof fehlte, ihn zu beschäftigen"* (S. 5 f.).

Daß Raspe nicht nur formell zum Kreise der Aufklärer zählt, sondern sich vor allem durch seine Übersetzungstätigkeit als Vermittler zwischen den Kulturen und Sprachgemeinschaften erweist, belegt am deutlichsten die erste von ihm 1782 besorgte »Nathan«-Übersetzung ins Englische. Im Sinne der Aufklärung besitzt Raspe nicht allein, sondern praktiziert überdies eine weltbürgerliche Haltung. Dabei läßt er sich wie viele Spätaufklärer weniger vom

---

[221] Vgl. Martens (1968), S. 121.

[222] Ebd., S. 27.

[223] Entsprechend appelliert Ernst Ferdinand Klein 1784 in der »Berlinischen Monatsschrift«: „Schriftsteller! wenn ihr Lehrer der Menschheit sein wollt, so (...) denkt, wenn ihr schreibt, nicht bloß an den Ruhm, den ihr erwerben, sondern vorzüglich an den Nutzen, den ihr stiften wollt", zitiert nach: Vierhaus (1987), S. 63.

französischen als vom englischen Geist leiten. Das Anknüpfen an eine bewährte Form englischer Journalistik und die Bekanntmachung dieser Gattung in einer ansonsten vom französischen Geist dominierten Residenzstadt gewinnt vor dem Hintergrund der Anglophilie des Herausgebers[224] an Bedeutung und legt die Vermutung nahe, daß sich der Autor bewußt und in kritischer Distanz zum französischen Geschmack seines Landesherrn und der aristokratischen Hofgesellschaft für diesen bürgerlichen Journaltyp entscheidet, der ihm, dem Konflikterprobten, zudem die Möglichkeit des anonymen Schreibens verschafft. Dagegen, daß Raspe mit der Herausgabe des »Zuschauers« rein materielle Absichten verfolgt, spricht auch die Kontinuität seines reformerischen, ja bisweilen avantgardistischen Bemühens während der Kasseler Jahre: Ob er eine Denkschrift zur Reform des Collegium Carolinum verfaßt, die Gründung einer Kunstakademie vorschlägt oder dem frankophilen Landgrafen unaufgefordert „einen Entwurf zur Formierung und Aufstellung eines gothischen oder alt-Teutschen Antiquitaeten-Cabinettes"[225] vorlegt, immer fungiert Raspe als weitsichtiger Impulsgeber für geistige, kulturelle und strukturelle Neuerungen innerhalb seines unmittelbaren Wirkungskreises.

Daß in den Überlegungen des Kasseler Gelehrten schließlich der gesellschaftliche vor dem materiellen Nutzen rangiert, zeigt nebenbei auch Raspes Gutachten von 1768 zu den Chancen und Aussichten einer in Kassel zu etablierenden „politischen und gelehrten Zeitung".[226] Trotz berechtigter ökonomischer Vorbehalte, die Raspe dem landgräflichen Vorschlag zur Gründung eines weiteren Intelligenzblatts entgegenhält, wiegt in seiner abschließenden Einschätzung der Nutzen, den die Bevölkerung daraus ziehen kann, schwerer als das Risiko einer staatlichen Fehlinvestition.[227] Diese Haltung nimmt möglicherweise bereits das Motiv für die vier Jahre später erfolgende Her-

---

[224] Seit dem 1. Januar 1769 ist Raspe zudem gewähltes Mitglied der »Royal Society«.

[225] Vgl. Brief Raspes an den Landgrafen Friedrich II., in: Hallo (1934), S. 1 ff.

[226] Es handelt sich hierbei um die von 1769 bis 1773 erscheinende »Hessen-Casselische Zeitung«, die von J.R.A. Piderit verfaßt und Raspe zensiert wurde. Dieses Konkurrenzblatt zur »Policey= und Commercien=Zeitung«, dessen Jahrgänge laut Katalog im Hessischen Lesesaal der Murhardschen Landesbibliothek aufbewahrt werden, muß nach jüngsten Informationen in die Verlustkartei aufgenommen werden. Deutschlandweit existiert bedauerlicherweise kein weiteres Exemplar.

[227] Vgl. Teile des gutachterlichen Wortlauts, in: Meidenbauer (1991), S. 172.

ausgabe des ersten Kasseler Journals, des »Casselschen Zuschauers«, vorweg, in dem Raspe das geeignete Medium erblickt, um zur Konstituierung einer bislang kaum in Erscheinung getretenen öffentlichen Meinung bürgerlicher Provenienz beizutragen.

3. Typisierung

3.1. Äußeres Erscheinungsbild

Optisch weist der »Casselsche Zuschauer« die typischen Merkmale einer deutschen moralischen Wochenschrift auf,[228] die im handlichen Oktavformat erscheint und somit „für den bürgerlichen Leser gleich weit entfernt [ist] von den argwöhnisch betrachteten gelehrten Folianten wie von den verspielten Kleinigkeiten einer müßiggängerischen Kultur."[229]

Neben dem gängigen Format hält sich Raspes »Zuschauer« auch im Umfang an Vorgegebenes: Wöchentlich erscheint ein halber Bogen, was bei dieser Größe acht Seiten entspricht. Dies ist, neben dem Zugeständnis an die Gepflogenheiten der Gattung, zugleich ein Tribut an den Geldbeutel, die Kompetenz und das Zeitbudget des bürgerlichen Rezipienten. In dem bisweilen differierenden Schriftbild, den unterschiedlichen Abständen zwischen einzelnen Buchstaben, zeigt sich das Bemühen des Setzers, auch Texte von größerer Länge auf den vorgegebenen acht Seiten unterzubringen; das gleiche gilt umgekehrt für kürzere Passagen, deren Schrift weit auseinandergezogen ist, um den Raum dennoch ausfüllen zu können.

Üblich ist auch, daß verlegerische Anmerkungen, die in der Regel über Erscheinungsweise, Preis und Bezugsquellen Auskunft geben,[230] durch eine Linie abgetrennt vom redaktionellen Teil, am Ende einer jeden Nummer stehen. Die einmalige wöchentliche Erscheinungsweise des »Casselschen Zuschauers« an einem bestimmten Wochentag (Montag) ist gleichfalls typisch für eine deutsche Sittenschrift. Nur einmal weicht der Herausgeber von der festgelegten Periodizität ab und formuliert am Ende des 13. Stücks vom 28. März 1772 die Nachricht: *„Der einfallenden Messe wegen, wo der*

---

[228] Trotz des allgemeinen Bekenntnisses zum englischen »Zuschauer« beginnen die deutschen moralischen Wochenschriften im Hinblick auf ihr Äußeres schon recht früh, eigene Wege zu gehen: weder das mittlere Format noch die Einmaligkeit des wöchentlichen Erscheinens oder das Ausklammern sogenannter Avertissements entspricht dem Vorbild, vgl. Graf (1952), Kap. VI. Raspes »Zuschauer« beugt sich wie all die anderen spectatorischen Schriften deutscher Konvention, so daß er in dieser Hinsicht allenfalls mittelbar an die Tradition des englischen Prototyps anknüpft.

[229] Martens (1968), S. 102.

[230] Vgl. Anm. 185.

Zuschauer mehr zu sehen als zu schreiben hat, wird mit diesem 13ten Stücke zugleich das 14te für künftige Woche ausgegeben."[231]

Solch begründete Verstöße gegen die regelmäßige Erscheinungsweise bewegen sich durchaus im Rahmen dessen, was üblich und bezogen auf die Gattung keine Seltenheit ist.[232] Darüber hinaus verweist diese Notiz jedoch auf eine inhaltliche Besonderheit aller Sittenschriften: die unzureichende Aktualität des Stoffes. Aus der Nachricht des »Zuschauers« geht unmißverständlich hervor, daß einzelne Nummern durchaus vorproduziert sein können und der Leser daher keine Abbildung der Tagesaktualität erwarten darf. Der aktuelle Informationswert moralischer Wochenschriften, deren Inhalt und Form bestimmt werden durch den Auftrag zur Belehrung und Unterhaltung, ist demnach gering.

Die gleichbleibende Kopfzeile einer jeden Nummer führt neben dem Titel (»Der Casselsche Zuschauer«) zugleich Stückzählung (1. Stück ff.) und Ausgabedatum (d. 4. Januar. 1772 ff.) auf. Den dazugehörigen Wochentag, ohnehin immer ein Montag, hat man, vielleicht aus Gründen der Redundanz, weggelassen.[233] Von Wochenschrift zu Wochenschrift können solche Kopfzeilen variieren, was jedoch niemals fehlt, ist die Stücknumerierung: So beschränken sich die »Discourse der Mahlern« allein auf die römische Zählung der einzelnen Diskurse zu Beginn einer jeden Nummer, während der »Patriot« neben Titel, Stückzählung und Datum auch noch den Wochentag (Donnerstag) angibt. Das gleiche gilt für die »Vernünftigen Tadlerinnen«, die jeden Mittwoch herauskommen. Raspes »Zuschauer« ist hier einzuordnen.

Reduziert hat sich dagegen die Zahl der Motti, womit die Stücke im allgemeinen überschrieben sind: Nur dreimal lassen sich zwischen Kopfzeile und Haupttext Devisen finden. Das dritte Stück ist mit einem lateinischen Zitat aus dem dritten Buch der Aeneis des Vergil überschrieben, während die Stücke vier und zehn jeweils durch französische Motti eingeleitet werden. Im Gegensatz zum Motto der zehnten Nummer, einem Zitat, das den »Notes sur

---

[231] »Casselscher Zuschauer« (1772), S. 104.
[232] Vgl. Martens (1968), S. 108.
[233] Vgl. Anm. 185.

Timée de Locres« des Marquis d'Argens[234] von 1763 entnommen ist und offensichtlich eine Anspielung bildet auf Molières Charakterkomödie »Le Malade Imaginaire« („*O Molière ce n'est pas parmi les Médécins seuls qu'il se trouve des Charlatans dignes de ton pinceau!*"), handelt es sich bei der rhetorischen Frage, die das vierte Stück einleitet („*Si l'on se passionnait sur le bien comme sur le mal, et qu'on mit la même chaleur à le publier, doutez vous que le bien n'emportat la balance?*"), um eine Formulierung aus der Feder des Wochenschriftenautors selbst. Dies immerhin ist ungewöhnlich, rekrutieren die Verfasser ihre Motti doch in aller Regel aus dem reichen Zitatenschatz der römischen Antike: Vergil, Cicero, Ovid, Seneca, Juvenal und allen voran Horaz stehen abwechselnd Pate für das wöchentliche Stück. Französische Zitate kommen seltener vor und sind wohl zu allererst an das weibliche Publikum adressiert.[235] In erster Linie bezeugen solche Motti, mit denen Autoren jede einzelne Nummer einleiten, eine gelehrte Konvention, der sich selbst der liberal-bürgerliche »Spectator« nicht entzieht. Dies freilich steht im Widerspruch zum proklamierten Verzicht auf Wissenschaftlichkeit und Gelehrsamkeit der Sittenschriften, zumal die Zitate in aller Regel nicht übersetzt werden und darüber hinaus „oft nur in recht losem, äußerlichem Zusammenhang zum behandelten Thema stehen".[236]

Vor diesem Hintergrund erscheint es bemerkenswert, daß der »Casselsche Zuschauer« auf solcherlei Zierat einigermaßen konsequent verzichtet, ohne dabei die durch ein Motto suggerierte sinngeschlossene Einheit jeder Nummer aufzugeben. Denn im Gegensatz zu den zeitgleich aufkommenden Magazinen versagt sich der Verfasser eine mittels Überschriften geregelte Untergliederung des Stoffes, so daß die „Einzelnummer" als ein „zusammenhängendes Ganzes" gewahrt bleibt.[237]

Gattungskonform erweist sich Raspes Wochenschrift schließlich auch in dem radikalen Verzicht auf Illustration. Aus Kostengründen reduziert sich die

---

[234] Jean-Baptiste de Boyer, Marquis d'Argens (1704-1771), französischer Philosoph aus Aix-en-Provence, ist durch seine »Lettres juives« mit Voltaire bekannt und lebt mehrere Jahre als Kammerherr am preußischen Hof unter Friedrich II., vgl. Dictionnaire de Biographie Française (1939), S. 522 ff.

[235] Martens (1968), S. 106.

[236] Ebd.

[237] Vgl. ebd., S. 104.

Bebilderung moralischer Wochenschriften bestenfalls auf ein zumeist allegorisches Titelkupfer, worin Tugend und Laster sinnbildhaft dargestellt werden.[238] Die Wochenschriften der Frühaufklärung, denen alles Sinnliche ohnehin suspekt erscheinen muß, verzichten zudem aus Überzeugung auf Bildmaterial, was sich schließlich stilbildend auf die gesamte Gattung auswirkt.

3.2. Vorsatz des »Zuschauers«

Das erste Stück einer moralischen Wochenschrift besitzt in aller Regel programmatischen Charakter: Hier legitimiert sich das Verfasser-Ich als öffentlicher Sitten- und Kunstrichter, indem es dem Publikum zunächst seinen exemplarischen Werdegang vorlegt (vgl. T.II, Kap.1), eine Art Eignungszeugnis, das den fiktiven Verfasser als geradezu prädestiniert für das moralische Amt erscheinen läßt; sodann unterrichtet er seine Leser in zumeist groben Zügen über Absicht, Ziel, Thematik und Form seiner wöchentlichen Blätter. Nur selten fehlt an dieser Stelle die namentliche Bezugnahme auf den englischen Ahnherren, dessen Referenz man sich somit versucht, rhetorisch zu versichern.

Der »Casselsche Zuschauer« durchbricht dieses Gattungsschema insofern, als er dem Publikum detaillierte Auskünfte über sein Herkommen, seinen Lebens- und Bildungsweg konsequent verweigert und sich mit aufschneiderischen oder gar indiskreten Bemerkungen über die eigene, fiktive Person zurückhält. *„Ich bin auch ein Schauspieler"*, gesteht er in einem Nebensatz und verweist damit neben Beruf und Stand immerhin auf seine außerordentliche Fähigkeit, in vielerlei Rollen zu schlüpfen, sich unterschiedliche Perspektiven und ein weitläufiges Erfahrungswissen anzueignen, woraus schließlich seine überlegene Beobachtungs- und Beurteilungsgabe resultiert, derer sich zuerst sein englisches Vorbild, der »Spectator«, rühmt, als dieser gesteht: *„Solchergestalt nun lebe ich in der Welt, vielmehr als ein Zuschauer der Menschen, denn als ein Mitbürger. Durch dieses Mittel bin ich der Ein-*

---

[238] Vgl. das Titelkupfer zur Buchausgabe der »Vernünftigen Tadlerinnen« (1725), erster Jahr=Theil, Leipzig.

sicht nach, so wohl zu einem Staatsmanne, als zum Soldaten, Kaufmanne und Künstler geworden; ohne mich in die Ausübung einer von diesen besondern Lebensarten einzulassen. Ich verstehe mich sehr wohl auf die Pflichten eines Hauswirthes, oder Vaters, und kann die Fehler in der Haushaltung, die Geschäffte und die Belustigung anderer viel besser einsehen, als diejenigen, welche selbst darein verwickelt sind. Ein Zuschauer entdecket allerley Versehen, welche demjenigen leichtlich entwischen, der mit im Spiele begriffen ist." [239]

Das hier anklingende Motiv des distanzierten Beobachters, der sich gleichsam inkognito unter die Menschen mischt, greift der »Casselsche Zuschauer« in der folgenden Textpassage wieder auf, wenn er schreibt: „*Ich wohne nahe bey der Stadt, und habe nicht den Ehrgeiz berühmt zu werden, weil ich ein Zuschauer derselben bin. Mein Name wird also unbekannt bleiben. Man wird aber auch nie keine Ursache haben darnach zu fragen, weil ich kein vorwitziger Zuschauer bin, und mich so unbemerkt als möglich hinstellen werde, auf meinen Platz, wo ich ohne andre zu hindern, eine freye Aussicht habe auf das unabsehliche Feld des menschlichen Lebens mit seinen Irrwegen, und ins Reich der Künste und Wissenschaften, die jenes verschönern*" (S. 7).

Zwar gehört die distanzschaffende Verfasser-Anonymität zum Kodex moralischer Wochenschriften, und ihre Proklamation im ersten Stück bildet geradezu einen Gattungs-Topos, doch die sich hier im ganzen abzeichnende Reduktion des fiktiven »Ich« auf einen weitgehend gesichtslosen Beobachter läuft der ironisch-unterhaltsamen Maskerade des englischen »Zuschauers« und somit der an ihm geschulten Gattungsauffassung zuwider. Dennoch, die Spannweite zwischen einer detaillierten, gelegentlich an satirische Hochstapelei grenzenden Ausmalung des Sittenrichters und einer blassen Skizze desselben, die nur das Allernötigste verrät, um das »Ich« losgelöst vom authentischen Verfasser identifizierbar zu machen, ist groß. Erinnern wir uns, daß sich bereits die »Discourse der Mahlern« gegen jegliche Selbstcharakteristik sperren und sich deren Autoren stattdessen lieber hinter den Namen bekannter Künstler verstecken: keine epische Maskierung, sondern gelehrte Spielerei, die den Grad literarischer Fiktionalisierung gleichfalls auf ein Minimum schrumpfen läßt.

---

[239] »Der Zuschauer« (²1750), S. 3 f.

Der epische Rahmen, aus dem die Sittenrichter als fiktive Wesen hervortreten, kann demnach unterschiedliches Format besitzen. Je kleiner dieses allerdings ausfällt, desto weniger entwickelt ist das erzählerische und somit unterhalterische Vermögen des Verfassers, der so, trotz der subjektiven Ich-Perspektive, zu einem vorwiegend belehrenden Räsoneur mutiert. Selbst das direkte Miteinbeziehen des Publikums in den Gedankenstrom (*"So dürfte ich mich also wohl gar uns Glück wünschen zu unserm Nachahmungsgeiste?"*) kann so nicht darüber hinwegtäuschen, daß die Intimität zwischen Leser und »Zuschauer« weniger entwickelt ist als in Wochenschriften, in denen der Verfasser sein fiktives Gesicht episch ausleuchtet. Durch die weitgehende Selbstanonymisierung gibt der »Casselsche Zuschauer«, möglicherweise zugunsten einer größeren Objektivierung seiner Aussage, das wichtige didaktische Instrument der Identifikationsstiftung aus der Hand.

Das offensive Selbstlob des »Patrioten«, dessen direkte Selbstporträtierung und positive Profilierung gleich im ersten Stück läßt der weniger auffällige »Casselsche Zuschauer« vermissen, der stattdessen seine moralische Integrität direkt aus sachbezogener Argumentation bezieht, seine patriotische, doch gleichwohl weltoffene Einstellung[240] aus einem Einspruch heraus entwickelt: Im ersten Teil seiner „*Zueignungsschrift*" (S. 4) begnügt er sich nicht mit dem toposartigen Eingeständnis der Nachahmung des englischen Vorbildes (*"Ein solcher Zuschauer war mein erster Ahnherr, Steele und Addison, bey den Lust= und Trauerspielen des menschlichen Geschlechts im englischen Geschmack"* (S. 5).), sondern schließt daran eine Verteidigungsrede an, die den „Nachahmungsgeist unserer Nation" als einen positiven „Zug in unserem Charakter" interpretiert,[241] womit er sein eigenes publizistisches Unternehmen freilich legitimiert.

---

[240] Vgl. T.I, Kap.1 sowie Martens (1968), der in Abgrenzung zum deutschtümelnden Pathos eines nach und nach aufkeimenden Nationalismus meint: „Übrigens gebärdet sich der Gemeinsinn der Wochenschriften noch nicht »national«. Patriotismus, wie die Gattung ihn versteht, ist auf das gemeine Beste gerichtet, ein rechter Patriot [ist] auch ein rechter Weltbürger, der sich wiewohl Teil eines kleineren Gemeinwesens, doch auch als Glied der ganzen menschlichen Gesellschaft empfindet", S. 340 f.

[241] In der 1772 aus dem Englischen übersetzten »Charakteristik der vornehmsten europäischen Nationen« heißt es immerhin relativierend über die Deutschen: „Wenn sie auch viel fremde Gebräuche angenommen haben, so haben sie doch die Schicklichkeit nicht aus der Acht gelassen, und weder die Franzosen in ihren überflüßigen Verfeinerungen noch die Italiener in ihren falschen Begriffen von Größe sklavisch kopirt", S. 11.

Sich für die Imitation des »Spectators« rechtfertigen zu müssen, erscheint, mindestens für die frühen Sittenschriften, einigermaßen ungewöhnlich; doch zeigt sich gerade in dieser abweichenden Verteidigungshaltung des »Casselschen Zuschauers«, in welch anachronistischem Verhältnis die Herausgabe einer moralischen Wochenschrift nach englischem Vorbild zu den zeitgenössischen Überzeugungen einer bereits am Geniehaften und „Kulturnationalismus"[242] orientierten Avantgarde steht. In seiner Replik auf den latenten Vorwurf der kulturschädigenden »Imitatio« profiliert sich der »Zuschauer« als kritischer Empiriker, der seine Entscheidung nicht von vorgefaßten Urteilen und Normen, sondern allein von *„dem vernünftigen Gesetze, das uns auferlegt, alles zu prüfen und das Gute zu behalten"* (S. 2) abhängig macht: *„Denn alle fremde Sitten und Erfindungen gerade zu verachten, ist thörichte Narrheit; sie sich zueignen und für sein Eigenthum ausgeben, ist Dieberey; ihnen aber den freyen Eingang gestatten, sie darauf prüfen und endlich annehmen, ist gesunde Vernunft"* (S. 3).

Dieser Pragmatismus, den der »Zuschauer« einem Algarotti-Zitat entlehnt haben könnte,[243] widerspricht sowohl der starren Regelhaftigkeit der normativ-rationalistischen Position der Frühaufklärung als auch der auf Kulturautonomie bestehenden Haltung der Stürmer und Dränger, deren radikale Ablehnung alles Mustergültigen der Verfasser bereits im zweiten Stück tadelt: *„So vortreflich auch ihre Werke sind, so groß auch ihr eigenthümliches Genie ist (...) so bestätigen ihre Werke dennoch, daß sie mit mehrerer Rücksicht auf Beyspiel und Regeln weniger Monotonie und Ungleichheiten haben würden"* (S. 10).

Keinem Dogma verpflichtet, basiert das Urteilsvermögen des »Zuschauers« auf einem empirisch geläuterten Rationalismus, wie ihn John Locke in Abgrenzung zu René Descartes der menschlichen Erkenntnisfähigkeit zugrunde gelegt hat. Immerhin verleiht sich der Verfasser damit eindeutig die Identität des fortgeschrittenen Aufklärers, der angetreten ist *„in dem Wunsche einigen Nutzen schaffen zu können"* (S. 6). Dies jedoch läßt ahnen,

---

[242] Kaiser (²1976), S. 185.

[243] „Übrigens sey es einem geschickten Manne von Zeit zu Zeit erlaubt, sich einer oder der andern alten oder neuern Figur zu bedienen, wenn es sein Vortheil ist", heißt es im Kapitel »Von der Nachahmung«, S. 204, in des Grafen Algarottis »Versuchen über die Architektur, Mahlerey und musicalische Opera«, die Raspe 1769 in deutscher Übersetzung herausgibt.

daß sein Anliegen weniger auf Unterhaltung und Ergötzung, das »delectare«, als vielmehr auf die Belehrung und Erziehung des Publikums im Zeichen eines ausgeprägten Lokalpatriotismus zum Besten der Glückseligkeit und des allgemeinen Wohls zielt, denn *"sollte mir (...) ein misanthropischer unzufriedener Pseudo=Patriot in den Lauf kommen, so werde ichs für meine Schuldigkeit halten, [ihn] hinzuweisen, wo [er] bessern Unterricht und Beruhigung finden [könne], als bey mir"* (S. 8).

Die zentralen Metaphern dieser ersten Nummer entstammen wie das Wort »Aufklärung« selbst dem Begriffsfeld der Optik: *"Denn richtig zu sehen, soll meine Hauptbemühung sein (...)"*, führt der »Zuschauer« weiter aus und definiert dieses richtige Sehen, *"mit den Augen des Verstandes"*, sodann ex negativo aus der durch Unvernunft und Vorurteile verstellten Sicht seiner Mitbürger: *"(...) nicht für diejenigen, die selbst sehen können, sondern für diejenigen, deren Loge zu abgelegen, oder zu voll von Plauderern und Vorurtheilen war, als daß sie selbst hätten richtig und genau sehen können"* (S. 6).

Die Funktion, die sich der »Zuschauer« hier beimißt, entspricht der eines zuverlässigen Sehers, der seinen ungetrübten und mittels Vernunft geläuterten Blick stellvertretend für seine Leser und zielgenau über die Region schweifen läßt, deren Vorzüge er versucht, zum Vorteil seiner Mitbürger ins rechte Licht zu setzen: *"Mein Auge wird meines Standpuncts wegen mehr auf Hessen als andre Länder fallen; und es wird sich mit Vergnügen darauf heften, da eine Reihe vortrefflicher Fürsten an seiner Cultur und Schönheit gebauet und die Natur selbst diesem Lande grosse Vorzüge gegeben hat"* (S. 7), formuliert der »Zuschauer« zugleich sein Fürstenlob.[244]

Das Verfasser-Ich, das den Blick der Leser für das Gute und Schöne wie für das Schlechte und Nutzlose langfristig schärfen will, faßt seine Prothesenfunktion als etwas Vorläufiges, als einen Zustand von begrenzter Dauer auf. Der »Zuschauer« vertraut auf die Heilkräfte seines aufgeklärten Blicks,

---

[244] Zur Funktion des Fürstenlobs in den moralischen Wochenschriften meint Jacobs (1976), daß „solche Bemerkungen wohl nicht so sehr als Verbeugungen vor der Zensur zu verstehen sind", sondern andeuten, „daß das Publikum des besseren Bürgertums seine Interessen in einem reformbereiten, aufgeklärt-absolutistischen System gut aufgehoben glaubte", S. 52. Der »Casselsche Zuschauer« scheint Jacobs Recht zu geben, zollt er der Zensur doch erst im folgenden Zitat Respekt: „Daß ich mich nicht hinwagen werde an die (...) Verfassung des Landes, die jedem Bürger heilig seyn sollte, muß ich am Ende versichern, ob ich es gleich schon vorher, aber wie ich nun sehe, zu kurz gesagt hatte", S. 7 f.

betrachtet sein Schreiben lediglich als Hilfe zur Selbsthilfe des Publikums. In der Hoffnung, die Leserschaft möge das moralische Lernziel erreichen, spiegelt sich der erzieherische Optimismus des Aufklärers, der das Ende seines Mediums daher von Anfang an programmiert: *„Ich werde mich, so oft ich zur Stadt und in Gesellschaft komme, erkundigen, ob und wie ich gelesen und beurtheilt werde. Darnach werde ich meine künftigen Arbeiten einzurichten suchen. Finde ich keinen Beyfall, oder aber unser ganzes Publicum von allen seinen Pflichten und Vortheilen so wohl unterrichtet, und in Erfüllung und Gebrauch derselben beschäftigt, daß ihm gar keine müßige Augenblicke mich zu hören übrig bleiben, so schliesse ich gern; doch warlich lieber aus der letzten Ursache, als aus der ersten"* (S. 8).

Der »Zuschauer« selbst bezeichnet sein wöchentliches Produkt als „Bemerkungen und Betrachtungen" - synonyme Begriffe für den locker komponierten, sein Thema schlaglichtartig beleuchtenden Essay, der Grundform aller moralischen Wochenschriften. Das Themenspektrum der Beiträge soll zwei große Bereiche umfassen: sowohl *„das unabsehliche Feld des menschlichen Lebens mit seinen Irrwegen"*[245] als auch das *„Reich der Künste und Wissenschaften".* Wie in anderen Sittenschriften auch, tritt hier die Beschäftigung mit den Tugenden und Lastern[246] gleichwertig neben das Räsonnement über Poesie, Beredsamkeit, Malerei, Architektur und Musik - die Schönen Wissenschaften und Künste also, denen man durchaus eine moralische Funktion zubilligt (vgl. T. II, Kap.1.1.), „verschönern" sie doch das Leben des Menschen (S. 7). Der »Zuschauer« wagt somit den Spagat zwischen Sitten- und Kunstrichtertum, erhofft sich, über die Läuterung des Geschmacks zu einer solchen der Moral zu gelangen.

Gewissermaßen zur Satzung moralischer Wochenschriften gehört das Bekenntnis zu Allgemeinverständlichkeit und die Versicherung, daß man sich von gespreizter Gelehrsamkeit fernhalte: *„Ich werde mich nicht hinwa-*

---

[245] Auch die »Discourse der Mahlern« geben in ihrem ersten Diskurs einen Vorgeschmack auf die relative Weite ihres thematischen Feldes: „Gleich wie sie [die Gesellschaft der Maler] zu ihrem Objecte den Menschen genommen hat/so pretendirt sie von allem demjenigen zureden was in sein Capitel gehört/(...) endlich alles was menschlich ist und die Menschen angehet/gibet ihr Materie an die Hand zugedencken und zuschreiben."

[246] „Wenn ich Narren züchtigen muß, so glaube man daß ich sie auswärts gesehen und uns nur zum Schauspiel und Lehre hierher gebracht habe", formuliert der »Zuschauer« seine Absicht Typensatire in den Text einzuflechten, S. 7.

gen an die höhern Wissenschaften, die so hoch gesetzt sind, daß sie durch keinen Zuschauer gesehen und geprüft werden dürfen" (S. 7), erklärt der »Casselsche Zuschauer« mit gespielter Bescheidenheit, nachdem er zuvor kritisiert hatte: *„Und ich müßte mich sehr irren, (...) wenn nicht überhaupt nützliche Kenntnis, Geschmack und Wissenschaft durch seine (des »Spectators«) und seiner Nachahmer gefällige Bemühung gemeiner und angenehmer worden sind, unter dem grossen Haufen, zu dem sich vorher die steife ehrenveste Gelehrsamkeit im lateinischen und academischen Ornate nie herabließ, und doch hätte herablassen sollen, wenn sie würklich etwas gemeinnütziges und brauchbares für Geist und Herz zu sagen hatte"* (S. 5).

Aus diesem Zusammenhang heraus gerät der anfänglich zitierte Bescheidenheitstopos des »Zuschauers« zu einer allenfalls ironischen Verbeugung vor den „höheren Wissenschaften", aus der vor allem auch das neugewonnene Selbstbewußtsein eines bürgerlichen Publikums spricht.

Weniger Selbstbewußtsein, wie man zunächst meinen könnte, als vielmehr Respekt vor der landesherrlichen Autorität spricht hingegen aus dem folgenden aufschlußreichen Zitat: *„Ich will als Zuschauer nicht mehr sehen, als ich als Bürger sehen kann; auch nichts sehen, als was würklich zu sehen ist, d.i. ich will mich meiner Sphäre bewußt bleiben"* (S. 6), versichert der »Zuschauer« und charakterisiert sein Unternehmen zugleich als den harmlosen Versuch, als Bürger allein von und für seinesgleichen zu schreiben: Der hermetische Zustand bürgerlicher Öffentlichkeit, der hier unter besonderem Druck der unmittelbaren Nähe zu Hof und Monarch entsteht, tritt in dieser Textstelle recht deutlich zutage, und die sparsame Entfaltung des fiktiven Verfassers, die vorsichtige Zurückhaltung und Bescheidenheit des Räsoneurs scheinen in diesem Fall weniger ein, wie Martens meint, verspätetes Gattungsproblem als vielmehr das Resultat der unmittelbaren Präsenz absolutistischer Herrschaftsstrukturen zu sein. Mit den unbeschwerten Hochstapeleien eines Hamburger »Patrioten« hat Raspes »Casselscher Zuschauer« daher freilich nichts gemein.

3.3. Exkurs: Öffentlichkeit in der Residenzstadt

„Die Entwicklung [von Aufklärung und Öffentlichkeit] in Deutschland ist (...) vor allem in zwei Hauptströmungen verlaufen: einer »provinziell-verbeamteten« und jener urban-handelsbürgerlichen, die am Hamburger Beispiel vorgeführt worden ist",[247] resümiert Meidenbauer ein Phänomen, das, so möchte uns der latente Vergleich zwischen »Casselschem Zuschauer« und Hamburger „Patrioten" lehren, zu unterschiedlichen Qualitäten und zuletzt auch Quantitäten in den deutschen Presselandschaften geführt hat; denn im Gegensatz zu den handelsbürgerlichen Zentren sind die öffentlichkeitsbestimmenden Strukturen in Residenzstädten wie Kassel vorwiegend durch zwei Faktoren bestimmt: den direkten herrschaftlichen Zugriffen auf das Gemeinwesen einerseits, die sich, wie Bödeker ausführt, „gerade in der zweiten Hälfte des 18. Jahrhunderts verstärkten, (...) waren doch die Haupt- und Residenzstädte die hervorragenden Mittel fürstlicher Selbstdarstellung geworden"[248] und das institutionelle Eingebundensein sogenannter „Funktionseliten"[249] in den absolutistischen Staatsapparat und somit in die höfische Sphäre[250] andererseits.[251]

---

[247] Meidenbauer (1994), S. 120.

[248] Bödeker (1982), S. 56.

[249] Nach Johannes Kunisch wird damit die Gruppe der gebildeten Staatsbeamten bürgerlicher Provenienz bezeichnet, „die unterhalb des Adels als der eigentlichen Führungsschicht rangierte (...), sich trotz faktischer politischer Machtlosigkeit als eine neue Elite, als »Adel des Geistes« fühlte", vgl. Rödel (1992), S. 108.

[250] Zum extensiven Charakter des Begriffs »Hof«, wonach auch „Staats-Bediente" hierunter fallen vgl. ebd., S. 84.

[251] „Die sich neben, gegen und teilweise mit der noch bestehenden repräsentativen Gesellschaft konstituierende Kasseler Aufklärungsgesellschaft setzte sich zusammen nicht aus allen, aber wesentlichen Teilen der im weitesten Sinne landesherrlichen Beamten, der Verwaltungsbeamten, der Lehrenden am »Collegium Carolinum«, an der Kunstakademie, am Lyceum Fridericianum und an der Kadettenanstalt, den Bibliothekaren, den Geistlichen, den Hofmeistern am »Collegium Carolinum«, weniger hingegen aus den freien Berufen der Apotheker, der Ärzte, der Advokaten, der Adeligen sowie der Kaufleute, Manufakturisten oder Rentiers", schreibt Bödeker (1982), S. 62.

Die Absorption der zumeist ortsfremden bürgerlichen Intelligenz mittels Integration in den staatlichen Beamtenapparat läßt ahnen, daß die vermeintliche Avantgarde hier nicht zum Sturm auf ein System ansetzen konnte, dem sie zu einem Teil selbst angehörte und welchem sie zuletzt ihr Auskommen verdankte. Die in fürstlichen Diensten stehenden Aufklärer mußten demnach stets um einen Ausgleich zwischen der höfisch-politischen Welt einerseits und jener des bürgerlichen Privatmannes andererseits bemüht sein. Sie selbst besaßen zumeist eine mittlere Position zwischen Hof und Bürgerschaft. Öffentlichkeit jenseits herrschaftlicher Repräsentation konnte sich demnach allein „innerhalb der bestehenden Ordnung realisieren"[252] und nicht gegen sie. Hinzu kam die Schwierigkeit, daß es in Residenzstädten für gewöhnlich keine personelle Alternative gab zu jenem höfischen Beamtentum, das mit der fürstlichen Zentralgewalt hätte konkurrieren können: Die traditionellen städtischen Eliten büßten im Zuge der Herausbildung des neuen politischen Systems, der Machtkonzentration im Zeichen des Absolutismus, ihre einflußreiche Stellung ein, so daß sich zuletzt „eine obrigkeitliche Auszehrung des Bürgertums vollzog", dessen „Stern sank, während der höfische Glanz über der Stadt aufging."[253]

Paradoxerweise erwuchs dem Bürgertum gerade in der Gestalt des *aufgeklärten* Monarchen und in dessen forcierter Wohlfahrtspolitik, seiner „fürsorgenden Verwaltung zur Erreichung des optimalen Staatszwecks"[254] eine außerordentliche Konkurrenz, die schließlich einer, wie Meidenbauer meint, „idealtypischen Entwicklung von Aufklärung und Öffentlichkeit"[255] in der Landgrafschaft im Wege stand: Sozietätsgründungen, die auf ausschließliche Initiative bürgerlicher Privatpersonen zustande kamen, bildeten in Kassel eher die Ausnahme. Und so kann die 1766 von Prof. J.U. Engelbronner ins Leben gerufene »Musikalische Gesellschaft«, die „wie alle diese bürgerlichen Sozietäten ihre sozialen Ursprünge in den geschlossenen Freundschafts- und Bekanntenzirkeln hatte",[256] in ihrem Symbolwert für eine genuin bürgerliche Öffentlichkeit gar nicht hoch genug eingeschätzt werden.

---

[252] Meidenbauer (1991), S. 463.
[253] Schattenhofer (1967), S. 1216.
[254] Philippi/Wolff (1979), S. 18.
[255] Meidenbauer (1994), S. 109.
[256] Bödeker (1982), S. 66.

Dagegen ist die unter dem Eindruck der Verwüstungen durch den Siebenjährigen Krieg 1765 gegründete »Gesellschaft des Landbaus«, die seit 1773 unter dem Namen »Gesellschaft des Ackerbaus und der Künste« firmiert, ein, so möchte ich sagen, typisches Produkt aufklärerischen Herrschaftsdenkens und landgräflicher Wohlfahrtspolitik und gehört daher in die Rubrik der „zahlreichen segensreichen Schöpfungen Landgraf Friedrichs II."[257] Ebenso wie bei der erst 1777 gegründeten »Gesellschaft der Altertümer« galt der Monarch auch hier als Stifter und sicherte sich das Protektorat. Seine restriktive Ernennungs- und Genehmigungspolitik konnte erst 1773 mit der Neukonstituierung dieser patriotischen Gesellschaft gelockert werden, wodurch das Selbstbestimmungsrecht der mittlerweile über siebzig Mitglieder, darunter bürgerliche Verwaltungsbeamte, Professoren des Collegium Carolinum, Militärs und führende Minister,[258] gegenüber der Staatsgewalt gestärkt wurde.[259]

Obgleich durch die an praxisnahen ökonomischen Fragen orientierte »Ackerbaugesellschaft« der erste öffentliche und hessenweite Diskurs institutionalisiert wurde, wofür vor allem die zweimal jährlich stattfindenden Preisausschreiben sorgten,[260] gründete diese patriotische Organisation zuletzt auch auf einer *von oben* angestrengten und dirigierten Parallelisierung zweier von Hause aus gegensätzlicher Interessenssphären, der des Monarchen und der des Dritten Standes. Selbst wenn sich der Diskurs in den folgenden Jahrzehnten[261] zunehmend verselbständigte, so verblieb die Gesell-

---

[257] Aus den Tagen der althessischen Gesellschaft des Ackerbaues (1911), S. 171.

[258] Vgl. Bödeker (1982), S. 72.

[259] Zu Geschichte und Organisation der Kasseler Ackerbaugesellschaft vgl. auch Gerland (1924) und Meidenbauer (1991), S. 107 ff.

[260] So schreibt die Satzung vor, daß „sich die Gesellschaft mit allen Untersuchungen zur Verbesserung und Förderung des Landbaus und was damit in Verbindung steht, beschäftigen soll. Zu diesem Zwecke hat jedes ordentliche Mitglied jährlich wenigstens eine Abhandlung zu liefern, welche auf Vorschlag der Versammlung oder eines einzelnen Mitgliedes in den Versammlungen zur Verhandlung kommt. In diesen Verhandlungen werden jährlich zwei sogenannte »spekulative« Fragen zur Beantwortung aufgestellt, öffentlich bekannt gemacht und jedermann zur Beantwortung eingeladen; auf die beste Beantwortung werden Preise gesetzt", in: Gerland (1924), S. 247.

[261] Immerhin gehört diese Sozietät zu den langlebigsten Gesellschaften in Hessen-Kassel und existiert bis 1806, also dem Jahr, in welchem die Landgrafschaft ohnehin in einem von Napoleon geschaffenen Königreich Westfalen aufgeht.

schaft doch weiterhin unter der Patronage des Landgrafen, der sie vor allem auch materiell förderte und privilegierte.

Ein weiteres Beispiel für die Herstellung von Öffentlichkeit durch die gezielte Privilegienpolitik des hessischen Staates stellt die seit Februar 1731 erscheinende »Policey= und Commercien=Zeitung« dar, ein Intelligenzblatt, in dem der Leser die „öffentliche Bekanntgabe aller für das örtliche Wirtschafts- und Rechtsleben notwendigen Informationen"[262] nachlesen konnte. Doch obwohl die Herausgabe dieser Zeitung aus dem Bemühen um mehr Transparenz innerhalb der Behördenhierarchie resultierte, wie Philippi und Wolff betonen,[263] so läßt das Blatt am Ende, wie freilich bei einem solchen Unternehmen nicht anders zu erwarten, nicht nur das entscheidende aufklärerische Moment, die Kritik, sondern auch politische Meldungen vermissen. Kommentierendes fehlt hier ebenso wie Räsonierendes. Konsequent beschränkt sich der Text unter festgefügten Rubriken auf nüchterne, objektiv dargebotene amtliche Verlautbarungen und private Annoncen. In ironischer Anspielung auf diesen gewollten Purismus erwarb sich die »Policey= und Commercien=Zeitung« bei den Zeitgenossen schließlich den Ruf einer „Wurstzeitung", was von der regelmäßigen Bekanntmachung der Fleisch- und Wurstpreise herrührte.[264]

So wie der Landgraf einer aus dem städtischen Bürgertum erwachsenden autonomen Öffentlichkeit vorgreift, indem er die Beamten und Teile der Professorenschaft in seine reformerischen Projekte einbindet,[265] so unterstellt er die Pflege der Schönen Künste seiner öffentlichen Person, taugt doch dieser Sektor am ehesten zur Versinnbildlichung des absoluten Herrschaftsanspruchs: Französische Oper, französisches Ballett und Theater erfreuen sich, trotz mangelnder Nachfrage durch das Kasseler Publikum, der finanziell aufwendigen Patronage des Landesherrn. Für eine deutsche Bühne bot sich dagegen weder Raum noch Geld und *„während die deutsche Bühnenkunst im Verein mit der dramatischen Dichtung schon herrliche Blüthen trieb, finden wir denn auch unter der Regierung des Landgrafen Friedrich II. das*

---

[262] Meidenbauer (1991), S. 156.
[263] Philippi/Wolff (1979), S. 18.
[264] Vgl. von Schwarzkopf (1802), S. 81.
[265] Nicht selten kommt es hier, wie die Gründung der »Gesellschaft des Landbaus« zeigt, zu freiwilligen Interessensverschmelzungen.

deutsche Theater hier verwaist, ja verpönt, weil dieser Fürst blos der Bildung Frankreichs huldigte, welches in der Literatur Europa beherrschte und dessen Sprache von der fashionablen Welt der damaligen Zeit adoptirt war. Nach dem Vorgange des Fürsten kokettirten die Vornehmen mit französischem Wesen. Den bürgerlichen Ständen fehlte es aber an Sinn und Teilnahme für das Theater, an jedem Verständniß seiner hohen gesellschaftlichen Bedeutung",[266] kritisiert Lynker die Frankophilie Friedrichs II. und deren fatale Auswirkungen auf die Entwicklung eines städtischen Kulturlebens, an dem die Einwohner hätten Geschmack finden können. Hinzu kommt, daß sich der Landgraf durch den Erlaß eines »Applaudierverbotes« das Geschmacksmonopol sicherte; doch ohne öffentliches Korrektiv, sprich Publikum, konnte ein gleichbleibendes künstlerisches Niveau freilich kaum aufrecht erhalten werden: *„Eine Ursache des elenden Zustandes des Kasseler Theaters ist auch wohl mit, daß es ganz und gar nicht vom Publikum abhängig ist. Der Landgraf bezahlt die Schauspieler, und sie spielen. Ist es ihm recht, wie sie spielen, wem dürfte es nicht recht sein? Und was würde es helfen?"*[267]

Im Bereich der Architektur gehört das im Zusammenhang mit der Konzeption des Friedrichsplatzes von Simon Louis du Ry entworfene »Museum Fridericianum« (Bauzeit: 1769-1779) zu den zentralen Repräsentationsbauten des Landgrafen. Schließlich war die Idee, den Museumsbau in erster Linie als Bibliothek mit vergleichsweise liberalen Zugangsmöglichkeiten zu nutzen, doch eher ein Nebeneffekt des primären fürstlichen Bestrebens, durch dieses antikisierende Prachtgebäude „den äußeren Glanz seines Hofes und seiner Residenz zu erhöhen."[268] Dies zeigt sich allein daran, daß die Bibliothekare Friedrich Christoph Schmincke und Rudolf Erich Raspe bei der Planung eines für die Bücheraufstellung funktionalen Innenraums kaum Gehör fanden.[269] Infolgedessen blieb auch dieses erste selbständige Museum des Kontinents der „Dimension repräsentativer Öffentlichkeit" verpflichtet.[270]

Nicht anders verhält es sich mit der Wiederbelebung des Collegium Carolinum, einem Lieblingskind des Landgrafen. Daß mit ihm „der Ruhm Kassels

---

[266] Lynker (1865), S. 279.
[267] »Deutsches Museum« (1784), S. 77 ff.
[268] Hopf (1930), S. 43.
[269] Ebd.
[270] Bödeker (1982), S. 59.

besonders verbunden ist",[271] liegt jedoch weniger an den Resultaten, welche diese Bildungseinrichtung zeitigte, als vielmehr an dem hochkarätigen Lehrkörper: Mit dem Ausbau zur Akademie in den 1760er Jahren setzt eine ehrgeizige Berufungspolitik ein, welche allein die besten Köpfe für würdig befindet, hier zu lehren. Was zum größeren Teil landesherrlicher Eitelkeit und fürstlichem Repräsentationseifer entspringt, - das Carolinum sollte mit der Göttinger Georgia Augusta konkurrieren, woraufhin der Marburger Universität die finanzielle Unterstützung weitgehend versagt wurde - hat immerhin so bekannte Gelehrte wie Georg Forster oder Samuel Thomas Soemmerring für mehrere Jahre an die Residenzstadt gebunden.

Am Beispiel einiger wichtiger Einrichtungen, die während der Regierungszeit Landgraf Friedrichs II. (1760-1785) entstehen oder unter anderen Voraussetzungen wiederbelebt werden, zeigt sich, daß Öffentlichkeit über weite Strecken ihren repräsentativen Charakter behält, auch dann, wenn bürgerliche Staatsbeamte, sogenannte „Funktionseliten", in ihre Strukturen eingebunden werden. Öffentlichkeit in Hessen-Kassel und insbesondere in der Haupt- und Residenzstadt bleibt an die zentrale Person des Fürsten gebunden, durch welche sie überwiegend ihre Impulse erhält, aber auch reglementiert wird. Die staatliche Vereinnahmung von Teilen des bürgerlichen Gelehrtenstandes eröffnet einer kleinen Gruppe zwar die Möglichkeit, „ihren aufklärerischen Ehrgeiz mit demjenigen des Fürsten [zu] verbinden",[272] der Entwicklung einer autonomen und genuin bürgerlichen Öffentlichkeit mußte dieser Marsch durch die absolutistische Institution jedoch eher hinderlich sein.

„Kulturelle Kompetenz", ein „gewandeltes intellektuelles und ästhetisches Bewußtsein"[273] äußert sich daher vorwiegend privat in den bürgerlichen Zirkeln der ambivalenten „Kasseler Aufklärungsgesellschaft",[274] die beruflich zwar der höfischen Sphäre inkorporiert ist, ansonsten jedoch wenig Beziehungen zur Hofgesellschaft unterhält.[275]

---

[271] Beck (1952), S. 52.
[272] Meidenbauer (1991), S. 464.
[273] Vgl. Bödeker (1982), S. 64.
[274] Vgl. Anm. 251.
[275] Vgl. Bödeker (1982), S. 63.

Rudolf Erich Raspe beschreitet im Januar 1772 daher Neuland, als in seiner Wochenschrift, dem »Casselschen Zuschauer«, zum ersten Mal ein wenngleich fiktiver (Mit)Bürger öffentlich über Moral, Sitten und Geschmack, über Vorzüge und Mängel des städtischen Gemeinwesens räsoniert. Daß die Initiative zur Herausgabe eines Journals diesmal nicht staatlich, sondern privat motiviert ist, macht den »Zuschauer« zu einem Organ bürgerlicher Provenienz: In diesem Zusammenhang erhält der außerhalb des Territoriums gelegene und somit vor Zugriffen des hessischen Landgrafen sichere Verlagsort Göttingen geradezu Symbolwert.

Gleichzeitig leistet Raspe Pionierarbeit auf dem Gebiet lokaler wie regionaler Journalistik: Zwar hatten in den 1760er Jahren bereits Casparson und der Kasseler Hofbuchhändler Joh.Fr. Hemmerde unabhängig voneinander ein überregionales Journal hessischer Gelehrsamkeit projektiert, doch verzögerte sich die Gründung einer enzyklopädisch angelegten Zeitschrift bis in die 1780er Jahre: Erst 1785 beginnen Casparson, Forster und Johannes Müller damit, zwei Jahre lang die „Hessischen Beyträge zur Gelehrsamkeit und Kunst" herauszugeben.[276] Erfolgreicher als dieses Blatt scheint das »Hanauische Magazin« von Johann Christian Stockhausen gewesen zu sein, von dem Meidenbauer berichtet, daß es „nicht nur das langlebigste, sondern auch das bekannteste hessische Journal" gewesen sei. Wie der »Casselsche Zuschauer« besitzt dieses Magazin englische Vorbilder, handelt es sich hierbei doch zunächst nur um eine Kompilation von Texten aus englischen Sittenschriften. Später reüssiert das Magazin als patriotische Zeitschrift mit aufklärerischer Programmatik: 1778 erscheint die erste Nummer.[277]

So ist nicht nur „die Geschichte und das Feld des Zeitungs- und Intelligenzfachs in den Landen der regierenden Herrn Landgrafen von Hessen-Cassel (...) viel unfruchtbarer, als in Sachsen und Thüringen",[278] wie Joachim von Schwarzkopf meint, sondern auch jenes der Journalproduktion. Der Grund hierfür liegt nicht etwa in der Interessenlosigkeit des gehobenen Bürgertums, viele Kasseler Professoren veröffentlichen, wie wir bereits bei Raspe beobachten konnten, in diversen ausländischen Rezensionsorganen,

---

[276] Zur Gründung dieses gelehrten Journals vgl. Meidenbauer (1991), S. 203 ff.

[277] Zur Geschichte des »Hanauischen Magazins« und seiner Nachfolger vgl. Meidenbauer (1991), S. 194 ff.

[278] von Schwarzkopf (1802), S. 62.

sondern im Ausbleiben einer aktiven Förderung der periodischen Presse durch Landgraf Friedrich II.[279] Allein private Einzelinitiativen konnten kurzfristig die desolate Situation, in der sich das städtische und regionale Pressewesen befand, verbessern. Auf staatliche Privilegierung, d.h. auf finanzielle Unterstützung, durften sich die Initiatoren dabei jedoch nicht verlassen.

Raspes »Casselscher Zuschauer« steht als beredtes Zeugnis am Anfang dieser Einsicht, die in der Folgezeit freilich zu keiner forcierten Ausbildung einer bürgerlichen Gegenöffentlichkeit in Hessen-Kassel führte. Immerhin jedoch wurde durch das Erscheinen eines „Zuschauers" in der Residenzstadt zum ersten Mal der Versuch unternommen, die bürgerliche Sphäre privater Öffentlichkeit zu weiten und in eine publizistisch bestimmte Öffentlichkeit, zu der jeder Leser Zugang haben sollte, zu transformieren. Vor dem Hintergrund der wohlfährtigen Verordnungs- und Einmischungspolitik des Landgrafen erscheint die davon völlig losgelöste eigenständige und eigenverantwortliche Herausgabe dieser Wochenschrift als selbstbewußte bürgerliche Geste gegenüber Publikum und Souverän.

Dieses Verdienst kann zuletzt auch die Selbstzensur des Herausgebers, der durch seine Funktionen als Professor, Kustos und zweiter Bibliothekar in die »société absolutiste« eingebunden ist, die Versicherung der Akzeptanz repräsentativer Öffentlichkeit und ihrer staatlichen Überformung im ersten Stück der Wochenschrift, nicht schmälern.

3.4. Thematik und Inhalt

Die sich in der ersten Nummer bereits ankündigende Doppelrolle des »Casselschen Zuschauers« als Sitten- und Kunstrichter, der hofft, die Tugend seiner Mitbürger zu befördern, indem er sie für das Gute und Schöne in den Wissenschaften und Künsten sensibel macht, schlägt sich schließlich in der thematischen Orientierung der einzelnen Stücke, wenn auch nicht zu gleichen Teilen, nieder. So kann unterschieden werden zwischen Nummern, in denen sich der fiktive Verfasser mit der Bühnenkunst, der Oper, dem Ballett und Schauspiel, dem Ideal des dichtenden Sängers sowie mit dem Kunst-

---

[279] Vgl. Meidenbauer (1991), S. 243.

handwerk auseinandersetzt (Stücke 2, 5, 8, 15, 16, 17, 18, 19;), solchen, in denen er direkt oder indirekt Sittenkritik formuliert (Stücke 3, 6, 7, 9, 10, 11, 12, 13, 14, 20, 21 ,23, 24;) und endlich Stücken, in denen der »Zuschauer« sein Programm vorstellt oder im nachhinein begründet (Stücke 1,4,22;).

Resultieren schließlich alle Nummern aus einer patriotischen Zielsetzung, dem Wunsch, die Glückseligkeit der Mitbürger und damit zugleich das allgemeine Wohl zu befördern, wie es der »Zuschauer« nachdrücklich im 4. Stück formuliert (*„Der Casselsche Zuschauer will seinen Mitbürgern zeigen, was ihnen Natur und Kunst, Gott und ihre Landesherren für Vorzüge, für Annehmlichkeiten, für Mittel zum vernünftigen Vergnügen in die Hände gegeben haben. Er befördert hiemit ihre Glückseeligkeit, lehrt sie das Gute, was sie haben, kennen und geniessen"*, S. 31), so tritt diese Bestimmung doch verstärkt dort zutage, wo konkrete Vorzüge oder Mängel des städtischen Gemeinwesens, kultureller und merkantiler Einrichtungen thematisiert werden, wo lokales Kolorit dominiert (Stücke 2, 8, 9, 20;) oder aber auf örtliche Institutionen und Moden mehr oder weniger deutlich angespielt wird (Stücke 6, 15, 16, 17, 18, 19, (23, 24);).

Im Unterschied dazu werden an anderen Stellen Phänomene universalen Charakters thematisiert, wo es müßig scheint, diese in Verbindung mit lokalen Gegebenheiten zu bringen. Dies gilt vor allem für die eingestreuten schematisierten Charakterbilder, die sich auch in anderen Sittenschriften finden lassen (Stücke 7, 11, 12, 21;), aber auch für die moralischen Betrachtungen des »Zuschauers«, in denen das Wesen des Menschen insgesamt ausgeleuchtet wird (3, 10, 13, 14;).

Zur Veranschaulichung der thematischen Abfolge sollen hier Inhalt und Aussage jeder einzelnen Nummer skizziert und, soweit möglich, im Kontext gattungstypischer Weltanschauung betrachtet werden.

3.4.1. Die Stücke im einzelnen

2. Stück vom 11. Januar 1772: *"Es wurde im verlaufenen Jahr die Italiänische Oper Perseus und Andromeda, nach Herren Fiorillo's Composition,*[280] *und mit selbiger das Ballet Orpheus und Euridice aufgeführt.*[281] *Letzteres gehört mit Recht zu den besten Stücken der neuen pantomimischen Tanzkunst, welcher Noverre*[282] *und der Witz, der Geschmack und die Leichtigkeit seiner Nation eine Vollkommenheit gegeben hat, die vielleicht von den Alten selbst nicht übertroffen seyn mögte"* (S. 11), beginnt der »Zuschauer« seine rückblickende Betrachtung der Ballettszenerie, die in einem euphorischen Lob des Bühnenbildes und des „Hofdecorateurs, Herrn Quaglio" (S. 16), mündet: *"Wie sanft, wie unvermerkt, wie selig verflossen die Augenblicke bey diesem herrlichen Schauspiel und bey den süssen Empfindungen die es nebst der Musik hervorbrachte!"* (S. 15).

Die Beschäftigung mit der heroischen Oper als repräsentativer Kunstgattung, stellt innerhalb der Gattungsfamilie allerdings eine Ausnahme dar,[283] spricht doch bereits Gottsched dieser Kunstform jeden moralischen Wert ab.[284] Der »Zuschauer« befragt die Vorstellung daher auch gar nicht erst auf ihren Inhalt oder gar einen moralischen Satz, sondern konzentriert seine sensitive Wahrnehmung ganz auf die Form: die Musik und die lebhaften Kontraste des Bühnenbildes (Orkus versus Elysium), welche *"die angenehmsten Eindrücke in der Seele hinterließ"* (S. 15). Das subjektive Geschmacksurteil des empfindsamen Kunstrichters richtet sich offenbar nach dem „Grad der Rührung", wonach „nicht der moralische Inhalt, sondern der außerordentli-

---

[280] 1763 beruft der Landgraf den Italiener Ignatio Fiorillo als Hofkapellmeister nach Kassel. Bis zu seiner Pensionierung 1780 ist der spätneapolitanische Opernstil vorherrschend, „über den die Zeit im Grunde schon hinweggegangen war", Schaefer (1979), S. 112.

[281] Noch aufwendiger in der Dekoration als die Oper soll das französische Ballett unter der Leitung von Etienne Lauchery gewesen sein, dessen Stoffe gleichfalls der antiken Mythologie entstammten, vgl. Schaefer (1979), S. 113 und Lynker (1865), S. 300 f.

[282] Orpheus und Eurydike, 1763 von Jean-Georges Noverre choreographiert nach der Musik von J. Starzer.

[283] Daß Martens (1968) den »Casselschen Zuschauer« nur oberflächlich studiert haben kann, beweist, daß ihm nach eigener Aussage bis auf den in Wien erscheinenden „Mann ohne Vorurtheil" und den Hamburger »Patrioten« keine weitere Sittenschrift bekannt ist, in der die Oper als Bühnengattung positiv besprochen wird, vgl. S. 490.

[284] Vgl. Gottsched (41751/1962), S. 731 ff.

che Eindruck, den ein Kunstwerk erweck[t], für die Beurteilung auschlaggebend [ist]."²⁸⁵ Aus dieser sensualistisch motivierten Perspektive besitzen dann allerdings auch Oper und Ballett als sinnliche Kunstformen moralischen Wert, denn sie appellieren in besonderem Maße an das Gefühl und die positiven Seelenkräfte des Publikums.

3. Stück vom 18. Januar 1772: Eine anthropologisch-sensualistische Abhandlung über die Antriebskräfte, über die aus stetiger Unzufriedenheit und beständigem Wunschdenken resultierende strebsame Natur des Menschen, dessen Leben einer „Wanderschaft" (S. 21) von einem Ziel zum nächsten gleicht: *„Der Mensch bewegt sich nicht selbst; er wird durch die Eindrücke, welche die Gegenstände auf ihn machen, und durch die Leidenschaften, die aus diesen Eindrücken entstehen, in Bewegung gesetzt. Soll er sich also bewegen, und seine Thätigkeit zu Handlungen anwenden, so muß er allezeit etwas haben, was er verlangt, oder wünscht"* (S. 20 f.) und: *„Ich nehm es also als erwiesen an, daß der Mensch seiner Natur nach immer etwas wünschen muß, und das dieses zur Beförderung der Glückseeligkeit der menschlichen Gesellschaft und des Ganzen ungemein heilsam, ja vollkommen notwendig ist"* (S. 22). Eine Gegenbewegung, die Wendung zum Moralisieren, vollzieht sich schließlich im Aufruf zur Mäßigung dieses, der Natur des Menschen inhärenten, individuellen Wunschdenkens (S. 22 f.), glückt doch die "Wanderschaft" nur im gegenseitigen Miteinander (S. 21). Demzufolge lautet der abschließende praktische Ratschlag des »Zuschauers« an seine Leser: *„Sie müssen von Zeit zu Zeit das Gute durchmustern, was sie besitzen, sich in die Verfassung hinein denken, wo sie waren, als sie das noch nicht hatten, was Sie haben, und sichs wünschten. Das erfreut das Herz ungemein"* (S. 23).

Wie ein roter Faden zieht sich der Appell zur Mäßigung der Affekte, zu kontrollierter Leidenschaftlichkeit durch die moralischen Wochenschriften; denn immerhin kann ein harmonisch-intaktes Gemeinwesen nur gedeihen, wenn jedes Mitglied die ihm zugestandene „Eigenliebe" auf ein vernünftiges, sozial verträgliches Maß reduziert.

4. Stück vom 25. Januar 1772: Als Ergänzung der ersten Nummer konkretisiert der »Zuschauer« hier, in Fortführung der Gedanken des dritten Stücks,

---

[285] So die pointierte Zusammenfassung der sensualistischen Ästhetik des Abbé Dubos (1670-1742) durch Pochat (1986), S. 372 f.

sein moralisch-patriotisches Anliegen, welches darin besteht, die Glückseligkeit der Einwohner Hessen-Kassels zu befördern und im Gegenzug dem Defätismus, den „Harpyen",[286] Einhalt zu gebieten: *„Der Casselsche Zuschauer will seinen Mitbürgern zeigen, was ihnen Natur und Kunst, Gott und ihre Landesherren für Vorzüge, für Annehmlichkeiten, für Mittel zum vernünftigen Vergnügen in die Hände gegeben haben. Er befördert hiemit ihre Glückseligkeit, lehrt sie das Gute, was sie haben, kennen und geniessen; welches ihnen eine beständige Aufmerksamkeit auf Mängel, davon doch gewiß die meisten eingebildet sind, vergällen könnte. Er giebt ihnen Waffen in die Hände, gegen jene allgemeine Tadler, jene Feinde der menschlichen Zufriedenheit, womit sie sich vor dem Schaden, den sie zu thun fähig sind, verwahren können"* (S. 31), kündigt er zuletzt praktische Ratschläge und Rezepte an, die er im 23. und 24. Stück in einer Art Klugheitslehre verdichten wird.

Vor diesem Hintergrund besitzt der berichtete Stoff im zweiten Stück vor allem appellative Funktion: Der Leser soll zum Genuß des Schönen, zum Besuch der Oper und zur Partizipation am kulturellen Leben der Residenzstadt ermutigt werden.

5. Stück vom 1. Februar 1772: In Anknüpfung an »Orpheus« beschwört der »Zuschauer« an dieser Stelle die Tradition abendländischer Bardenkultur,[287] dieser Personalunion aus Dichter, Komponisten und Sänger, die darauf verweist, daß Musik und Poesie einander nicht ausschließen, sondern harmonische Verbindungen eingehen: *„Und ich kann Ihnen einen deutschen Sänger und Tonkünstler nennen, der zugleich Dichter ist, und dessen Bey-*

---

[286] Vom »Zuschauer« mehrmals als Chiffre für Nörgler und Miesmacher gebraucht, die dem Streben nach Glückseligkeit und dem allgemeinen Wohl im Wege stehen. Daher ist das dritte Stück über die Eindämmung maßloser Unzufriedenheit mit einem Zitat überschrieben, das dem dritten Buch der Aeneis entstammt und die Harpye »Celaeno«, einen alles besudelnden Aasvogel, beschreibt: "Strophades quas dira Celaeno Harpyiaeque colunt aliae. Tristius haud illis monstrum nec saevior ulla Pestis." Dagegen stellt der »Zuschauer« dem vierten Stück ein selbstformuliertes Motto voran, das zur positiven Gegenbewegung, als deren Mentor er sich schließlich versteht, auffordern soll: „Si l'on se passionnait sur le bien comme sur le mal, et qu'on mit la même chaleur à le publier, doutez vous que le bien n'emportat la balance?"

[287] Bereits 1763 hatte Raspe im »Hannoverschen Magazin« unter dem Titel »Nachricht von den Gedichten des Oßian, eines alten schottischen Barden; nebst einigen Anmerkungen über das Alterthum derselben« Partien aus dem »Fingal« übersetzt, der sich später freilich als eine Schöpfung James MacPhersons (1736-1796) herausstellte, vgl. 1. Jg., S. 1457 ff., 1489 ff., 1537 ff.

spiel bestätigt, was das Alterthum vom Orpheus und Amphion wunderwürdiges erzählet. Er nennet sich Dreßler,[288] *(...) Ich habe ihn zu Cassel gehört seine eignen Lieder nach eignen Claviercompositionen spielen und singen; und ich versichere Sie, daß die edle Simplicität, die schöne Melodie und der grosse Ausdruck seiner Composition und seines Gesanges alles übertrift, was Sie sich von einem Dichter, der zu gleicher Zeit Sänger ist, vorstellen mögen. Kein die Melodie erstickendes Geschnirkel und Gekoller von Trillern, Läufern und andern fühlloser Sänger Coloraturen (...) Nichts von allen diesen Kostbarkeiten, wobey man nichts empfindet (...) Ein sehr artiges Liedchen „an die Rose", von ihm gedichtet und gesetzt, finden Sie im dießjährigen Göttingischen Musenalmanach"* (S. 37 f.), empfiehlt der »Zuschauer« das eigene Geschmacksurteil zur Überprüfung seinen Lesern.[289]

Der positive Verweis auf den deutschen Komponisten und Sänger gewinnt Bedeutung vor dem Hintergrund, daß die Kasseler Oper fast ausschließlich über italienische Künstler und Virtuosen verfügte, womit sich freilich ein bestimmtes Gesangsideal verband: *„Der deutsche Operngesang",* schreibt Lynker, *„gewann erst viel später das Uebergewicht, indem er durch gefühlvollen, aus der Seele quillenden und dramatischen Vortrag das Bestreben der Italiener verdrängte, welches auf höchste Dressur der Stimme, Biegsamkeit der Kehle, Künstelei und Bravour gerichtet war."*[290] Der »Zuschauer« stellt das italienische Virtuosentum in Frage, indem er eine am natürlichen Ausdruck orientierte Gesangskunst, die hier mit dem Namen Dressler verbunden ist, favorisiert.

6. Stück vom 8. Februar 1772: In Anspielung auf das erste Stück widersetzt sich der »Zuschauer« nachdrücklich jeglichem Kulturchauvinismus und führt in diesem Zusammenhang den bereits angekündigten „Pseudo=Patrioten" (S .8) vor, den er sodann im Sinne eines ursprünglich weltbürgerlich

---

[288] Ernst Christoph Dressler kommt zum ersten Mal 1771 an den Kasseler Hof, um dem Landgrafen seine Dienste anzubieten, doch stellt ihn Friedrich II. erst 1774 als „Kammermusikus und Tenoristen bey der Oper und Kapelle" an. Neben einigen Auftragswerken befindet sich eine größere Anzahl empfindsamer Lieder unter seinen Kompositionen, vgl. Strieder (1783), S. 228 ff.

[289] Hier liegt offensichtlich eine Verwechslung vor, schreibt doch Boies Biograph Karl Weinhold (1868/1970) das Poem »An die Rose« dem Herausgeber des »Göttinger Musenalmanachs« zu. Allein dessen Vertonung stammt von E.C. Dressler, vgl. „Göttinger Musenalmanach" auf 1772 (1897), S. 43.

[290] Lynker (1865), S. 297.

gestimmten Patriotismus belehrt: *„Nun möchte ich wohl wissen, wer mit Recht als ein wahrer Patriot angesehen werden muß?"*, fragt der »Zuschauer« sein Gegenüber, *„Derjenige, der aus einem lächerlichen Eigendünkel die Meynung hegt, seine Nation habe alles besser als die anderen, welches doch ganz unmöglich ist; oder derjenige, der das Gute, das er bey andern findet, nachahmt, und dadurch seine Nation dessen sucht theilhaftig zu machen?"* (S. 44). Zugleich spielt der »Zuschauer« in diesem Stück über die Präponderanz des Französischen auf der Klaviatur des gattungsüblichen Themenspektrums,[291] denn der ironischerweise als »Patriot« bezeichnete Gegenüber wirft die für eine Residenzstadt, deren Fürst sich und seine Untertanen ganz dem französischen Ideal verschrieben hat, provokante Frage auf: *„Und können Sie läugnen, daß wir von dem Französischen Petitmaitregeist angesteckt sind? Haben wir nicht mit den Französischen Moden, mit ihrer Sprache, ihre Thorheiten alle mitbekommen?"* (S. 45) und weiter: *„Aber selbst die Untreue, die wir an unserer Sprache begehen, ist unverantwortlich. Wie viel giebt es nicht Leute unter uns, die weder Deutsch lesen noch schreiben, denen unsre besten Schriftsteller unbekannt sind, ob sie gleich eine weitläuftige Französische Lectüre haben"* (S. 46).

Die Stoßrichtung dieser Kritik zielt zwangsläufig auch auf das Zentrum der Kasseler Hofgesellschaft und richtet sich schließlich gegen Teile des gehobenen Bürgertums, die den französischen Geschmack der Weltleute kopieren. Die Replik des »Zuschauers« überrascht, müßte er doch dem „Pseudo=Patrioten" beipflichten und, wie andere Kunstrichter, der deutschen Sprachpflege und Literatur das Wort reden. Da sich jedoch sein Gegenüber bereits disqualifiziert hat, versteht man dessen Kritik nun vor allem als Folge eines falsch verstandenen Patriotismus, und der »Zuschauer« fühlt sich berufen, die provokante Aussage seines Gesprächspartners nachsichtig zu korrigieren: *„Lassen Sie uns also die Weltleute entschuldigen, und einsehen, daß das Uebel nicht so arg ist, als man es macht; daß die Zeit das Mittel dagegen von selbst geben wird; und endlich, daß die Schuld der Weltleute dabey nicht so gar groß ist. Wenn wir mehr für sie schreiben werden, werden sie uns mehr lesen. So lange die Deutschen aber nur für Gelehrte ex professo schreiben, können auch keine andre als solche sie lesen, und Geschmack an ihren Schriften finden"* (S. 48).

---

[291] Vgl. Martens (1968), S. 408 ff.

7. Stück vom 15. Februar 1772: Der »Zuschauer« unterhält sein Publikum mit einer Charaktersatire, einer biographisch angelegten moralischen Erzählung, worin die Entwicklung eines friesischen Bauernsohns mit dem sprechenden Namen „Starrkopf van Hebberecht"[292] zum Tuchhändler und „Staatspächter" (S. 54) chronologisch nachgezeichnet wird. Diese moralische Erzählung typisiert den Protagonisten als stolzen, ehrgeizigen Trotzkopf, dessen Bildung und Geschmack nicht proportional zum Gewicht seines Geldbeutels anwachsen. Ein Parvenü erster Ordnung also, den der »Zuschauer« seinen Lesern als ein lehrreiches Beispiel für die „Wahrheit des Sulzerschen Satzes[293] vom Einflusse der Sitten auf den Geschmack und des Geschmacks auf die Sitten" (S. 55 f.) vorführt.

Anhand dieser Satire beglaubigt der Verfasser die Sinnhaftigkeit seines Programms, das Publikum auch in Geschmacksfragen unterrichten zu wollen. Die Warnung vor „Großmannssucht" infolge materiellen Reichtums ist ein gängiges Klischee der Sittenschriften, die insgesamt der Auffassung zuneigen, daß „wahres Glück nicht in erster Linie vom Gelde abhängt, sondern von wahrer Tugend."[294]

8. Stück vom 22. Februar 1772: Wiederholt konfrontiert der »Zuschauer« seine Leser mit den landschaftlichen, architektonischen und kulturellen Vorzügen der Residenzstadt, die er abermals in direkten Bezug setzt zur kunstliebenden, väterlich-fürsorglichen Person des Landgrafen: *„Cassel hat, ausser den Vortheilen, die ihm die Natur giebt, indem es in einer sehr angenehmen und an vielen Orten umher romantisch dichterischen Gegend liegt, durch die Kunst ganz ausserordentliche Schönheiten bekommen. Prächtige Gärten, Lusthäuser, Werke, die durch Grösse und Pracht uns eine Vorstellung von den Gebäuden der Alten geben können, liegen in und um dieser Stadt in einer geringen Entfernung. Diese Zierden derselben werden durch die Güte eines vortreflichen Fürsten, dem alles, was zur Glückseeligkeit der Unterthanen, die ihm der Himmel gegeben, beyträgt, und also den Schmuck der Stadt, ihre Bequemlichkeit und Verzierung, wie auch was Künsten und Wissen-*

---

[292] Dies könnte eine phonetische Anspielung auf den Kasseler Porzellanfabrikanten Christian Friedrich Hillebrecht sein, den Helmut Thiele (1986) in seiner Auflistung der »Einwohner und Familien der Stadt Kassel« verzeichnet, S. 310.

[293] Vgl. Sulzer (²1792), S. 371 ff.

[294] Martens (1968), S. 313.

schaften einen Schwung geben und sie empor heben kann, am Herzen liegt, täglich vermehrt; wie ein jeder, der sie sieht, leicht bemerken kann" (S. 57). Sodann verengt sich der Blick des »Zuschauers« auf das „sehr gute" (S. 59) Theater, da kein „zur gänzlichen Bildung des Verstandes schicklicheres Vergnügen seyn kann, als dieses" (S. 59) und fordert das Publikum somit nachdrücklich zum Besuch desselben auf. Um sein subjektives Urteil zu objektivieren, läßt er fiktive Personen zu Wort kommen, Fremde, welche sein Urteil zunächst bestätigen: *„Was sind Sie hier glücklich, sagt er mir, so ein schönes Schauspiel zu haben!"* (S. 60). Doch dann relativieren die Gäste ihr Lob und formulieren in Anlehnung an den aristotelischen und später von Gottsched wiederaufgenommenen Nachahmungsgedanken Kritik an der Affektiertheit und Unnatürlichkeit des Auftretens französischer Schauspieler: *„Das hat er nun von der Art zu spielen, die bey seiner Nation gewöhnlich ist (...), denn in derselben ist noch gar sehr viel affectirtes, was die Natur nicht kennt, und so gar verwirft"* (S. 63). Der »Zuschauer« entschuldigt das schlechte Spiel schließlich mit dem niedrigen Niveau der in Rede stehenden „Farce" (»Les folies Amoureuses«[295]) und weist darauf hin, daß *„sie gewöhnlich viel bessere Lustspiele ; als Molières Meisterstücke, und die neuen in Frankreich herausgekommenen Comödien: le faux Savant, le Negociant, la Partie de Chasse de Henri quatre, und andre spielen"* (S. 64).

Im Gegensatz zur Oper beurteilen die Sittenrichter die Schaubühne und hier vor allem das komische Fach positiv. Sie favorisieren das Theater als Medium zur Verbesserung der Sitten und des Geschmacks, solang die aufgeführten Stücke eine moralische Botschaft besitzen, sich sowohl vom Possenspiel als auch von spätgalanter Tändelei und stereotyper Haupt- und Staatsaktion distanzieren. Vor diesem Hintergrund darf man den Verweis des „Zuschauers" auf die Charakterkomödien Molières, die in ihren Typisierungen den Sittenschriften verwandt sind, als eine Empfehlung, ja, als verhaltenen Appell an die Bühnenleitung verstehen, statt frivoler Stoffe vermehrt unterhaltsame und zugleich lehrreiche Stücke aufzuführen.

9. Stück vom 29. Februar 1772: Der moralische Appell des »Zuschauers« spiegelt offenbar einen realen Sachverhalt wider. Es geht um die „Unzuläng-

---

[295] Der Verfasser konnte nicht ermittelt werden. Bekannt ist nur, daß am Kasseler »Théâtre Français« neben den Dramen der französischen Klassik wohl auch zahlreiche unbekanntere Lustspiele zur Aufführung kamen, vgl. Schaefer (1979), S. 114.

lichkeit der Casselschen Hauscollecten des vorigen und andrer Jahre" (S. 70), die den „Gassenbettlern" und „Hausierern" in der Stadt zugute kommen sollen.[296] Der »Zuschauer« klagt jene Stadtbewohner des Geizes oder der falschen Bescheidenheit an, die „in diesen würklich theuren und der Armuth bittern Zeiten" (S. 71) keine Angaben über die Höhe ihrer Spenden machen und sich stattdessen mit einer „unbestimmten Gabe" und der Eintragung „ohnbesehen" in das Kollektenbuch begnügen: *„Christlich und edeldenkende Menschenfreunde thäten inskünftige besser, wenn sie sich wollten gefallen lassen, nie ohnbesehene Gaben zu geben. Sie brauchen sich weder ihrer den Geiz beschämenden Freygebigkeit, noch auch der Sparsamkeit zu schämen (...) Wenn wahre Tugenden nie Muth haben sichtbar zu werden, so erhebt das freche Laster die unverschämte Stirn und prahlt mit ihrem Scheine"* (S. 71 f.), lautet die universale Lehre, die der »Zuschauer« aus einem konkreten Mißstand zieht.

Als Anwälte des allgemeinen Wohls thematisieren die Sittenrichter auch immer wieder den Zustand der Armut in der Gesellschaft,[297] dem der tugendhafte Mensch nicht teilnahmslos gegenüberstehen darf. *Bewußtes* Helfen - z. B. in Form von Geldspenden für die staatliche Armenpflege - ist nicht nur Zeichen christlicher Nächstenliebe, sondern zugleich Beweis bürgerlicher Verantwortung für ein intaktes Gemeinwesen, in dem die Glückseligkeit aller Menschen höher steht als die des einzelnen. »Ohnbesehene« Gaben erregen daher das Mißtrauen des »Zuschauers«: Diese flüchtige Geste läßt das eindeutige Bekenntnis zu den Pflichten eines bürgerlichen Patrioten vermissen.

10. Stück vom 7. März 1772: Eine moralische Betrachtung über die „Charlatanerie" in den Künsten und Wissenschaften.[298] Aus Eitelkeit und „Eigenliebe" prahlen vor allem die „Halb=Gelehrten" und „mittelmäßigen Künstler" mit ihrem „blauen Dunst": *„Stümper in den Künsten und in der Gelehrsamkeit sind am geneigtesten dazu, von ihren grossen Fähigkeiten in dem Fache, dem sie sich dem Schein nach gewidmet haben, allen Leuten einen grossen*

---

[296] „Von Residenzstädten geradezu magisch angezogen", schreibt Rödel (1992), „wurden die überaus mobilen Bevölkerungsgruppen des Standes der Armut", S. 95.

[297] Vgl. Martens (1968), S. 400 ff.

[298] Daher auch das relativierende Motto des Marquis d'Argens, womit das zehnte Stück überschrieben ist, vgl. T. II, Kap. 3.1.

Begriff durchaus beybringen zu wollen" (S. 79), resümiert der »Zuschauer« und exemplifiziert seine These im 12. Stück.

11. Stück vom 14. März 1772: Der »Zuschauer« zeichnet, in Übereinstimmung mit den klassisch gewordenen Sittenschriften, darunter »Die Vernünftigen Tadlerinnen« und »Die Discourse der Mahlern«, das bürgerliche Ideal weiblicher Schönheit nach, das er aus der Kontrastierung zweier gegensätzlicher Frauentypen gewinnt. Am Beispiel der Madame »Belline«,[299] an welche dieser fiktive Beobachtungsbericht in Briefform zugleich adressiert ist, veranschaulicht er die Nachteile eines spätgalanten, koketten Verhaltens, wodurch die Ausbildung der „Schönheiten des Geistes und Herzens" (S. 85) zugunsten vordergründiger Sinnlichkeit vernachlässigt wird. Seiner Rolle als Mentor verleiht der »Zuschauer« hier überdies besonderes Gewicht: *„Ich will Ihnen behülflich seyn Madame zu Ihrem Seelenputze, so weit Ihnen damit noch geholfen werden kann (...) Gefallen Sie vielmehr durch die gesunde Vernunft und das gute Beyspiel, das Sie Ihren Töchtern geben, als durch Ihren Putz und Bildung"* (S. 82, 87). Der gefallsüchtigen Gesellschaftsdame stellt er als Antipode die „freymüthige", „unschuldige" mit „bescheidener Munterkeit" auftretende, jüngere »Lucinde« gegenüber. In der öffentlichen Begegnung beider Frauen und ihrem Verhalten zueinander spiegeln sich sowohl die Charakterschwächen der Belline (Eitelkeit, Neid, Mißgunst) als auch die Herzensbildung der Lucinde wider, deren natürlich-uneitles Auftreten ihr wahre Schönheit verleiht.

Die gesellschaftliche Konfrontation einer „glänzenden Salonschönheit" mit einem „tugendhaften Mädchen", einer schönen Seele, ist eine Standardsituation in den moralischen Wochenschriften. Wie »Belline«, so steht auch der Name »Lucinde« als Chiffre für einen bestimmten Frauentypus.[300]

12. Stück vom 21. März 1772: Der »Zuschauer« löst das Versprechen aus dem zehnten Stück ein, die Anwendung seiner Überlegungen folgen zu lassen und unterhält seine Leser mit einer Gelehrten-Satire: *„Wie fängts Titius an, um von der ganzen Stadt als ein Ungeheuer der Gelehrsamkeit gepriesen*

---

[299] Möglicherweise entlehnt bei Gottsched und später als Topos verwandt. So beklagt im 13. Stück des I. Teils der »Vernünftigen Tadlerinnen« Calliste die eitle »Belline« mit den Worten: „Wie thöricht handelt doch die eitle Belline, wenn sie sich vor eine Göttin ansieht, die ihrer Schönheit halber angebetet zu werden verdienet?"

[300] Lucinde, so heißt schließlich auch die Tugendhafte in den »Discoursen der Mahlern«, vgl. Martens (1968), S. 367.

zu werden? Das will ich euch sagen meine lieben Mitbürger" (S. 90 f.), worauf er ansetzt, die Täuschungsstrategien des Scharlatans, des „Halbgelehrten [der] unter Unwissenden glänzt" (S. 96), in Form einer Charakterskizze zu verdeutlichen. Titius schließlich ist der Typ des Pseudo-Gelehrten, der vor einem naiven Publikum mit seiner Halbbildung prahlt, bis er schließlich von einem Fremden, „der mehr eine gelehrte, als eine Geschäftsreise that" (S. 93), als Scharlatan entlarvt und verlacht wird.

Der hier vorgeführte Gelehrten-Typ entspricht jedoch nicht dem bevorzugten Klischee, mit dem die Sittenschriften normalerweise arbeiten, porträtieren sie doch mit Vorliebe den schulmeisterlichen Pedanten oder den spätbarocken, weltfremden Polyhistor, der unermüdlich und unterschiedslos Wissen anhäuft; seltener dagegen exemplifizieren die Sittenrichter ihre Gelehrtenschelte an der hier abgebildeten Figur des Hochstaplers und des prahlerischen Scharlatans, der als „Halbgelehrter" (S. 90) lediglich „ein paar historische Bücher" gelesen hat. Doch finden sich auch in diesem Charakter Anspielungen auf längst überholte Methoden kritikloser Wissensaneignung und -wiedergabe: *„Einige elende Reisebeschreibungen haben lange seine Favoritlectüre ausgemacht, und er hat sie fast auswendig gelernt. Aus denen erzählt er seinen Zuhörern ohne Wahl, ohne Bestimmung, alles, was er da gefunden hat"* (S. 91 f.). Beiden Nummern, 10 und 12, dürfte Johann Burckard Menckes 1715 in lateinischer, 1716 in deutscher Sprache erschienene Schrift »Von der Charlatanerie oder Marktschreyerey der Gelehrten« zugrunde liegen.

13. Stück vom 28. März 1772 und 14. Stück vom 4. April 1772: Beide Stücke gehen nahtlos ineinander über: Sie werden dem Publikum wegen der „einfallenden Messe" (S. 104) gemeinsam ausgeliefert. Thematisch knüpfen beide Nummern an das 11. Stück an, richten sich also in erster Linie an das weibliche Publikum, wobei der »Zuschauer« hier nicht Selbstbeobachtetes oder -erlebtes, sondern antiken Stoff ausbreitet: *„Erschrecken Sie nicht, meine schöne Leserinnen, bey dem fürchterlichen Tone dieser lästigen Einschränkungen ihres Eigenthums und ihrer Begierde zu gefallen. Lesen Sie nur ruhig fort"* (S. 97). Es geht um die römische Kleiderordnung, „das Gesetz des Oppius", womit den Frauen zur Zeit des „zweyten punischen Kriege[s]" eine simple, schmucklose Kleidung diktiert wurde, um die aus Eitelkeit herrührende Verschwendungssucht einzudämmen. Das Amt des Mentors

überträgt der »Zuschauer« hier dem sittenstrengen Cato,[301] den er über acht Seiten lang eine Plädoyer für dieses äußerliche Gleichmachungsgesetzes vor dem römischen Senat halten läßt:[302] *„Aber alle sollen ja gleich gekleidet und eingeschränkt seyn. Welchen Mangel fürchtet ihr denn an eurem Putze? Zwar ist es eine Schande, sich seiner Sparsamkeit oder Armuth zu schämen; aber alles dieß benimmt euch das Gesetz, denn nach selbigem hat keine von Euch, was keiner zu haben erlaubt ist"* (S. 108 f.).

In den vernünftigen Ansichten des Cato findet der »Zuschauer« schließlich die historische Beglaubigung der Utopie von einer Frauengesellschaft, die sich freilich gezwungenermaßen nicht länger über das Dekor definiert, sondern Herz und Seele zum Gegenstand ihrer Verschönerungen macht.

15. Stück vom 11. April 1772: Anknüpfend an das zweite Stück, in dem die landgräfliche Oper bereits exemplarisch besprochen wurde, skizziert der »Zuschauer« hier, in Abgrenzung zu Jean-Francois Marmontel (1723-1799) und Francesco Algarotti (1712-1764), eine »Poetik« des tragischen Musiktheaters. Dieses Thema hält er auch noch in den folgenden Stücken durch (16 vom 18. April 1772, 18 vom 2. May 1772 und 19 vom 9. May 1772), so daß ein größerer Themenkomplex entsteht, den ich daher zusammenfassend behandeln möchte.

Vor dem Hintergrund des Streits um die größeren Vorzüge der italienischen oder der französischen Oper, wie er seit dem 17. Jahrhundert in Frankreich geführt wurde, entschied man sich in der Residenzstadt schließlich zugunsten des französischen Musiktheaters, denn „nachdem das Interesse anfangs vor allem italienischen Werken gegolten hatte, fand seit den 1770er Jahren mit Vorliebe Französisches Aufnahme."[303] Der »Zuschauer« schlüpft in die Rolle des neutralen Kunstrichters und erklärt sich für kompetent, die Qualität sowohl des französischen als auch des italienischen Musiktheaters adäquat zu beurteilen: *„Wir haben hier einen Vortheil, den man in keiner Stadt ausser Frankreich hat; nämlich, daß wir Französische grosse Opern*

---

[301] Marcus Porcius Cato d.Ä. (234-149 v. Chr.), römischer Staatsmann, auch Censorius genannt.

[302] Die Rede Catos ist zitiert nach dem römischen Geschichtsschreiber Livius, den der »Zuschauer« auch als seine Quelle angibt. Fragmente einer solchen Rede sind nicht überliefert, daher könnte es sein, daß es sich um „eine ausschmückende Erfindung der Spätannalistik" handelt. Die Lex Oppia wurde 215 v. Chr. aufgehoben, vgl. Paulys Realencyclopädie, Bd. 43, Stuttgart 1953, S. 11 f.

[303] Meidenbauer (1991), S. 86.

(...) zu sehen bekommen. Dadurch wären wir in den Stand gesetzt, den Streit, den die Franzosen vor einigen Jahren mit so grimmigen Eifer über den Vorzug der Französischen und Italiänischen Musik geführet haben, (...) fast besser zu entscheiden, als sie selbst. Denn wir sind weder Franzosen noch Italiäner, und wir haben beyde Schauspiele vor Augen" (S. 113 f.). Der Verfasser, der sich hier wiederholt als ein Freund der Bühne zu erkennen gibt *("Die Leser haben aus dem vorigen meine Meynung schon ersehen können, daß die Schauspiele unter die nützlichsten, und angenehmsten Belustigungen gehören, welche der menschliche Witz erfunden hat",* S. 113), zählt nun das Musiktheater, dieses Gesamtkunstwerk, in dem „Dichtkunst, Musik, Tanz und Malerey" (S. 113) zu einer Einheit verschmelzen, zur sinnlichsten und - aus sensualistischer Sicht - wirkungsstärksten Form der Bühnenkunst. Darüber hinaus sieht er das Postulat der »Natürlichkeit« im Singen eher erfüllt als in den zeitgenössischen Versen des Sprechtheaters und spielt damit auf den steifen französischen Alexandriner an: *„Niemand wird läugnen können, daß die Musik zur Erhöhung der Empfindung geschickt sey; da hingegen der gereimte Vers nichts dazu beyträgt. Denn dieser ist nur ein Geklingel und gar nicht die Würkung des Ausbruchs der Leidenschaften. Jene aber ist eine Würkung derselben, und erregt daher auch die Vorstellung davon bey dem Zuschauer mit einer unwiderstehlichen Macht: denn dieses ist allemal mit einander verbunden"* (S. 119). Im 16. Stück zitiert der »Zuschauer« über fünf Seiten lang aus Marmontels Dichtkunst,[304] in welcher der Gesang, der nach wunderbaren Stoffen verlange, als „das Wunderbare der Rede" (S. 124) bezeichnet wird. Dieser Setzung widerspricht der Verfasser, für den Singen nichts Wunderbares, sondern etwas höchst Natürliches darstellt, „eine Erhöhung der Accente des Affekts" (S. 126). Der Stoff muß daher weniger wunderbar sein, als vielmehr „Leidenschaft und Empfindung zum Grunde haben, wenn es natürlich und angenehm scheinen soll" (S. 138). Ausdrücklich lehnt der »Zuschauer« die Opera seria im Sinne Pietro Metastasios (S. 141) und ihre stoischen Charaktere ab, spricht sich gegen deren Leidenschaftslosigkeit aus, weil *„alle Stellen, wo nur kalte Ueberlegungen, moralische Sentenzen, Erzählungen, und was dergleichen mehr ist, in einem Schauspiele Statt finden, zur Musik gar nicht geschaffen [sind]"* (S. 138). Kein

---

[304] Jean-François Marmontel (1763): Poétique françois, Paris. Deutsche Übersetzung von Gottlob Benedict v. Schirach: Dichtkunst (1765-66), Bremen.

wunderbares also, sondern ein „wahres großes Sujet" (S. 143) soll das Musiktheater zum Gegenstand haben, denn *„erstlich rührt ein wahres großes Sujet mehr als die fabelhaften. Die Oper wird bey letztern mehr ein Schauspiel fürs Auge als für die Seele. Es ist aber noch ein zweytes Hinderniß dabey; und das ist die ungeheure Menge Maschinen, die ein solches Sujet erfordert"* (S. 143). Um den Gesang als Ausdruck gesteigerter Empfindung plausibel zu machen, müssen sowohl die Situationen als auch die Charaktere, anders als etwa bei den Italienern, „affectvoll" angelegt sein: *„Allein daraus folgt weiter nichts, als daß der edle Singspiel=Dichter alle seine Verstandeskräfte aufbieten muß, seinen Gegenstand wohl einzurichten, und kurz und gedrungen auszuführen"* (S. 144). Zudem widerspricht der »Zuschauer« im 19. Stück einer Forderung Algarottis, wonach die tänzerischen Intermezzi, die Ballettaufführungen zwischen den Akten, thematisch Bezug nehmen müßten auf den Opern-Stoff. Der »Zuschauer« hält dagegen, daß ein gewollter Zusammenhang zwischen Tanz und Stück eher gezwungen und unnatürlich wirke: *„Es können die Sujets der Oper und des Ballets wohl verschieden seyn, allein sie dürfen nicht contrastiren. Wenn das eine edel und rührend ist, müssen es die andern auch seyn"* (S. 147). Der Themenkreis schließt sich, als der Verfasser noch einmal auf sein im zweiten Stück geschildertes Theatererlebnis, die Ballettinszenierung »Orpheus und Eurydike« im Zusammenhang mit der Oper »Perseus und Andromeda«, verweist, um die gelungene Anwendung dieser Regel zu beglaubigen. Den moralischen Leitgedanken, wonach der Philanthrop ein Liebhaber der Musik wie der Schönen Künste überhaupt zu sein hat, bringt der »Zuschauer« bereits am Ende der 15. Nummer in einer Anekdote verdichtet zum Ausdruck: *„Ich habe zwey Soldaten gekannt, davon der eine die Musik empfand, und hochschätzte, der andere aber mit einem barbarischen Hohngelächter mir einmal zu verstehen gab, er könne nicht begreifen was für ein Vergnügen in dem Geklingel und Getriller der Musikanten stecken könne (...) Der erstere war ein Menschenfreund, der Major Kleist,*[305] *den meine Leser als Dichter kennen werden; der andere ist auf den heutigen Tag das Schrecken seiner Musketirer und Bauern"* (S. 120).

Auf die ablehnende Haltung der Moralisten gegenüber der Oper, ihrem allegorischen Apparat und den heroisierenden mythologischen Stoffen ohne

---

[305] Christian Ewald von Kleist (1715-1759).

sittlichen Wert, wurde bereits verwiesen. So redet der »Zuschauer« hier auch weder dem spätbarocken italienischen noch dem französischen Musiktheater nach den Forderungen Marmontels das Wort, sondern definiert einen neuen Typ im Sinne der Reformoper Christoph Willibald Glucks, dessen geläuterten Ausdruck der Verfasser mit Begriffen wie Natürlichkeit, Rührung, Empfindung, Wahrheit, Einfachheit und Leidenschaftlichkeit umreißt. Der Versuch des „Zuschauers", das landgräfliche und, wie das 2. Stück zeigt, noch immer am italienischen Geschmack orientierte Musiktheater hier mit Begriffen und Maßstäben einer fortgeschrittenen Aufklärungsästhetik konfrontieren zu wollen, muß begriffen werden als Appell, die inhaltliche und formale Erneuerung der lokalen Opernbühne voranzutreiben. Tatsächlich kommen in den 1780er Jahren Glucks »Iphigénie en Aulide« und »Alceste« erstmals im Kasseler Opernhaus zur Aufführung, womit „sich auch auf der Musikbühne ein klassizistisches Antikenverständnis im Sinne Winckelmanns durchsetzte."[306]

17. Stück vom 25. April 1772: Ausgehend von der Empfehlung des Kataloges[307] über die „kostbare Sammlung etrurischer Gefässe" des Altertumsforschers und englischen Gesandten am neapolitanischen Hofe, „Herr William Hamilton", formuliert der »Zuschauer« seine offensichtlich an Winckelmann geschulte klassizistische Kunstauffassung: *„Die überbliebenen Werke des schönen Alterthums (...) haben fast ohne Ausnahme, die seltne Eigenschaft, daß sie ihrer Form nach schön sind; und sie sind es oft in so hohem Grade, daß sie auch dem Unwissendesten dadurch gefallen (...) diese Thonarbeiten sind von einem ganz besondern Geschmack und einer gefälligen angenehmen Form; nicht plump, nicht schwer, nicht barbarisch kraus, sondern leicht und sauber in sehr einfache angenehm runde Gstalten gedrehet, wie die Natur des Thones, und die Art ihn auf der Scheibe zu bearbeiten, gestattet und an die Hand giebt"* (S. 130 f.). Dagegen hält er die zeitgenössischen Produkte europäischer Töpferkunst für *„ausschweifend und mit Schnörkeln, Baroc und andern bunten Grillen beladen, die keinen Verstand und Nutzen haben"* (S. 131). Der mit kolorierten Kupferstichen jener etruskischen Vasen und Gefäße angereicherte Hamilton-Katalog enthält mustergültige Beispiele

---

[306] Schaefer (1979), S. 115.

[307] D' Hancarville, Hugues, P. F. (1766-1767): Antiquités étrusques, greques et romaines, tirées du cabinet de M. William Hamilton, 4. Bde., Naples.

des guten Geschmacks und ist insofern für jeden Betrachter von Nutzen. „Seine gelehrten Leser" fordert der »Zuschauer« daher auf, auch *„den ungelehrten zu sagen, daß in diesem prächtigen und theuren Buche nichts enthalten sey als ausgemalte in Kupfer gestochene Zeichnungen alter Töpferarbeiten von Thon"* (S. 129). Auf den folgenden Seiten appelliert der Verfasser an das deutsche Kunsthandwerk, und hier besonders an die Porzellanmanufakturen, es den englischen Steingutfabrikanten Wedgwood und Bentley gleich zu tun, welche die „Formen und [den] Geschmack des Alterthums" zum ästhetischen Maßstab ihrer Produktion erhoben haben, denn *„eine flüchtige Vergleichung derselben mit unsern Töpferarbeiten (...) und mit den japanischen, chinesischen, meißnischen und andren Porcellangeschirren (...) wird einem jeden, der Augen hat zu sehen, ihre größere Schönheit begreiflich machen"* (S. 131).

Vor dem Hintergrund, daß die landgräfliche Porzellanfabrik „bis zu ihrem frühen Ende im traditionellen Rokokostil arbeitete" und „darin ihrem Vorbild in Meißen folgte",[308] erscheint der Aufruf des »Zuschauers« allerdings provokant. Die indirekte Kritik an der Kasseler Manufaktur und den Produkten, die sie fertigte, dürfte dem aufmerksamen Zeitgenossen nicht entgangen sein.

20. Stück vom 16. May 1772: Der satirische Erlebnisbericht einer Festgesellschaft, bei der „die steife Ehrbarkeit der Dame Cärimonie den Vorsitz hatte" (S. 153), leitet über zur Charakterisierung des Gastgeberehepaars: Die Frau des Hauses ist eine närrische Hundeliebhaberin, welche die Losung ausgibt: *„Wer kein Mittleid mit Thieren hat, wird auch unbarmherzig mit seinen Nebenmenschen sein!"* (S. 155) Der Verlauf der Handlung konterkariert dieses Motto jedoch auf zynische Weise: Der Gastgeber, wie seine Frau ein Hundenarr, jagt mit Hilfe seiner Vierbeiner eine „arme elende Witwe", die am Gartentor um ein Almosen bittet, davon. Dieses Erlebnis veranlaßt den »Zuschauer« zu einer patriotischen Replik, einer Argumentation gegen die Unsitte und Unvernunft des gemeinwohlschädigenden Hundehaltens in Städten: *„Ich wohne, wenn ich nach Cassel komme, unglücklicherweise in einem Hause, wo wohlgezählt fünf ganz überflüßige Hunde befindlich sind. Sollte ich zu viel rechnen, wenn ich für die ganze Stadt tausend Stück Hunde*

---

[308] Schmidberger (1979), S. 49.

annähme, groß und klein zusammengenommen? Ich will ihre Zahl jedoch auf fünfhundert Stück mitlerer Größe herabsetzen; und ich irre gewiß nicht, wenn ich annehme, daß diese fünfhundert Stück Hunde täglich eben so viel Brot und Fleisch zu ihrem Unterhalt gebrauchen, als womit funfzig nothleidende elende Menschen erhalten werden können. Was ist nun gerechter, billiger, christlicher, fünfhundert unnöthige, gefährliche überlästige Thiere oder aber vorbenannte Anzahl elender Menschen zu füttern?" (S. 157 f.) Um die Haltung dieser „unnöthigen, schmutzigen und lästigen Brodfresser" (S. 160) entweder einzuschränken oder sie doch wenigstens der Gemeinschaft nützlich zu machen, verlangt der »Zuschauer« schließlich die Einführung einer Hundesteuer, eines jährlichen Kopfgeldes von fünf Reichstalern „zum Besten der Armenanstalt" (S. 158). Mit diesem konkreten Vorschlag zur Beförderung des Allgemeinwohls greift der Verfasser zum erstenmal strukturell in die landgräfliche Wohlfahrtspolitik ein und verleiht damit einem Gestaltungswillen Ausdruck, der, zumal für den Beobachter einer Residenzstadt, kein geringes Maß an bürgerlichem Selbstbewußtsein bezeugt.

21. Stück vom 23. May 1772: Diese abrupt endende, parabolische „Geschichte aus Nordamerika", deren „nähere Anwendung" der Zuschauer verspricht, in einem der folgenden Stücke nachzuholen, fällt schon aufgrund ihrer zum Zwecke der Verfremdung unternommenen räumlichen Distanz aus dem Rahmen. In Anlehnung an Rousseaus rückwärtsgewandte Utopie vom edlen Wilden erzählt der »Zuschauer« von der Freundschaft zwischen einem englischen Offizier und einem alten „Abenaki"-Indianer, der jenem das Leben schenkt, ihn bei sich und den Seinigen aufnimmt, um ihn Sprache, Handwerks- und Jagdkünste der Indianer zu lehren. Als die beiden eines Tages auf einen englischen Soldatentrupp stoßen, erweist sich der Indianer ein weiteres Mal als humanes, mitfühlendes Wesen, der in sentimentaler Erinnerung an den Tod des eigenen Sohnes den Freund auffordert, nach Hause zum Vater zurückzukehren, damit es jenem nicht ebenso ergehe wie ihm selbst. Zu Beginn dieser Erzählung empfiehlt der »Zuschauer« seinem Publikum, „nur allgemeine Folgen daraus zu ziehen" (S. 161) und deutet so auf den parabolischen Charakter dieses immanent zivilisationskritischen Textes hin, der den unverfälschten, natürlichen Edelmut des menschlichen Herzens preist. Einer partiellen Zurückweisung Rousseaus, wie Martens sie in den wenigen Wochenschriften, die mit der Figur des edlen Wilden arbei-

ten, nachgewiesen hat,[309] enthält sich der Verfasser in dieser Nummer. Doch kann nicht ausgeschlossen werden, daß eine Distanzierung von der radikal kulturpessimistischen Haltung des Genfer Bürgers für eines der kommenden Stücke geplant war, zu deren Ausführung es jedoch zumindest in den noch folgenden drei Stücken nicht mehr kam. Auffällig ist immerhin, daß sich hier, passend zum Protagonisten, Gemütsbewegungen auch jenseits empfindsamer Rührung beginnen, Bahn zu brechen: So spricht der Wilde zwar zunächst noch in einem „traurigen und zärtlichen Tone" zu seinem englischen Freund, beginnt jedoch bald zu „beben" und „holt tief Athem", entringt sich „Seufzer und Klagen" (S. 165). Die Unkontrollierbarkeit der Gefühle, wie sie während des Sturm und Drang Programm wird, kündigt sich in solchen Sprachbildern bereits an.

22. Stück vom 30. May 1772: Der »Zuschauer« veröffentlicht einen kurzen, in satirischem Ton abgefaßten Leserbrief, eine *„genaue und richtige Abschrift ein[es] Schreiben[s], welches vor einigen Tagen bey mir eingelaufen ist"* (S. 169). Zwar zweifelt Heinrich Christian Boie offenbar nicht an der Authentizität dieser Zuschrift,[310] die, der Gattung entsprechend, jene formelhafte Anrede *„Mein lieber Herr Zuschauer!"* verwendet; betrachtet man den »Casselschen Zuschauer« jedoch nicht als Einzelphänomen, sondern im Gesamtzusammenhang der Gattung, scheint es geboten, den vermeintlichen Leserbrief als fingiert einzustufen, zählt man doch diese Textsorte zu den formalen Besonderheiten einer moralischen Wochenschrift.[311] Darüber hinaus weist eine Bemerkung des Briefautors auf die Verfasserschaft Raspes oder einer seiner engeren Mitarbeiter hin: *„Das 18te [Stück] handelt wieder von ihren verfluchten Opern & Comedien, kommen Sie mir ja nicht wieder damit, sonst will ich alle und jede von ihren Blättern digoustiren und ihnen*

---

[309] Vgl. Martens (1968), S. 430 f.

[310] „Warum haben Sie doch den armseeligen J.A.F. in Ihren Blättern erwähnt? Nach meinem Gefühl hätten Sie den Sünder unbemerkt hätten laufen lassen. Doch ich weiß vielleicht besondre Umstände nicht", Brief an R.E. Raspe von H.Chr. Boie vom 5. Juni 1772, in: Mittler (1855), S. 38 f.

[311] Die Funktion fingierter Zuschriften an den fiktiven Verfasser erläutert Martens (1968): „Dem tatsächlichen Autor ergibt sich hier die Möglichkeit zu zwangloser Abwechslung, was Gegenstand und Form seiner Erörterungen betrifft (...) Er hat vor allem auch die Möglichkeit zu weiterer Maskierung, zu weiterem Fabulieren und Spielen (...) Er kann sich selbst beschimpfen und in Frage stellen lassen, um alsbald launig zu antworten", S. 59.

zum Spott ihre Blätter zur recensur in die Frankfurther gelehrte Anzeigen setzen" (S. 170). Die Erwähnung der »Frankfurter Gelehrten Anzeigen« ist zweifellos eine Anspielung auf Raspes zeitgleiche Kritikertätigkeit für dieses Blatt. Doch wer seiner Leser sollte davon Kenntnis gehabt haben? Sicher kein Briefschreiber, der sich zuvor geradewegs als Feind der Schönen Künste entpuppt hat. Auch wenn sich in dieser fingierten Zuschrift vom 11. May 1772, die mit dem Kürzel I.A.F. unterschrieben ist, latente Publikums-Kritik spiegeln sollte, handelt es sich dennoch um einen Kunstgriff des »Zuschauers«, der hier einen Anlaß simuliert, um, allen Einwänden zum Trotz, noch einmal Sinn und Zweck seiner Wochenschrift zu explizieren. In seinem Antwortschreiben an den „Herrn I.A.F." verweist der fiktive Verfasser den dreisten Briefschreiber schließlich auf die im ersten Stück bereits formulierte Programmatik: *„Sie scheinen würklich von den Pflichten eines Zuschauers gar keine oder doch falsche Begriffe zu haben; und also kann mich Ihr Lob nicht stolz und Ihr Tadel nicht beschämt machen. Wollen Sie aber, daß mir beydes inskünftige wichtiger scheinen solle als jetzt, so bitte ich Sie das erste Blatt vom 4 Januar fleißiger zu lesen und zu überdenken, als Sie bisher gethan haben mögen"* (S. 171). Seine Räsonnements über das Theater bezeichnet der »Zuschauer« als „nützlich und lehrreich" (S. 172), verfolge er hiermit doch allein das Ziel, seinem Publikum zu zeigen, „wie Sie es zu sehen und zu beurtheilen hätten" (S. 173). Dem Leserverlangen nach vermehrter Typisierung, wie sie der Verfasser in der Charaktererzählung vom „Starrkopf van Hebberecht" vorgeführt hat, begegnet der Verfasser mit dem Argument, *„daß Sie den Zuschauer nur als eine Nahrung der Medisance ansehen"* (S. 176). Seine scharfsinnige Replik verwandelt sich zunehmend in eine Charakteranalyse des provokanten Briefschreibers, den der »Zuschauer« schließlich als einen geizigen, schmähsüchtigen, theaterfeindlichen Misanthropen entlarvt: *„Pfuy mein Herr! Sie müssen ein Mann ohne Herz und ohne Geist, oder vielmehr sehr feiler Natur seyn"* (S. 174).

23. Stück vom 6. Junius 1772 / 24. Stück vom 13. Junius 1772: Dieses, die Wochenschrift abschließende Fortsetzungsstück, das „allen freymüthigen gutherzigen Biederseelen zugeeignet" ist, trägt deutliche Züge einer bürgerlich gewendeten Klugheitslehre, eines ursprünglich barocken Genres also, das dem Hofmann Verhaltensstrategien anempfiehlt, ihn lehrt, die Doppelbödigkeit des Lebens am Hofe zu durchschauen und diese, im machiavelli-

stischen Sinne, profitabel, d. h. »politisch klug«, für sich zu nutzen.[312] Voraussetzung solcher Klugheitslehren, die schließlich zeigen, wie sich die Abgründe der Moral am geschicktesten umgehen lassen, ist ein von Skeptizismus bestimmtes und tiefem Mißtrauen geprägtes Menschenbild: *„Wenn alle Menschen Ihnen glichen, und ein jeder wie Sie das Herz auf der Zunge hätte; wenn ein jeder wäre, was er zu seyn scheint; oder Niemand etwas besseres zu seyn schiene, als er im Grunde ist; (...) So wäre es leicht klug zu seyn in der Wahl seiner Freunde und Gebrauch und Umgang der Menschen wären sicherer und wenigern Gefahren unterworfen. (...) Vielleicht kommt sie noch einmal diese güldne Zeit"* (S. 177). Dieser pessimistische Blick auf den Umgang der Menschen untereinander, der hinterlegt ist mit der Utopie vom Goldenen Zeitalter, überträgt eine grundsätzliche Kategorie höfischen Verhaltens, die Kunst der Verstellung, auf die Welt des Bürgers. Entsprechend vollführt der »Zuschauer« auf den folgenden Seiten einen moralischen Rundumschlag und warnt sein Publikum nacheinander vor dem „coquettirenden Schmeichler", der sich die Eigenliebe der Menschen zunutze mache, vor den überschwenglichen „Freundschafts- und Dienstversicherern" mit „parasitischen Absichten", vor den „freywilligen freundlichen Versprecher[n] grosser und vieler Dinge", vor den „Neugierigen", vor den „Heuchlern" und „Scheinheiligen", kurz: vor allen „Tartüffen", die vorgeben, in guter Absicht zu handeln und dennoch voller „Verachtung, Haß und Tadelsucht" sind (S. 188). Bei der Warnung freilich läßt es der »Zuschauer« nicht bewenden. Sein „wohlgemeynte[r] Beytrag zu der so schweren moralischen Semiotik" (S. 179), der auf eigener Anschauung und Erfahrung aufbaut (*„Und vielleicht sind Ihnen meine semiotische Bemerkungen nicht unbrauchbar weil ich auch hintergangen, betrogen, getäuscht worden bin, sowohl durch meine unvorsichtige Art zu sehen und zu urtheilen, als durch die Verstellungskunst manches Menschen, mit dem ich zu thun gehabt habe"*, S. 179), zeigt den Gutgläubigen Mittel und Wege auf, sich gegen die Scheinheiligkeit ihrer Mit-

---

[312] In Anknüpfung an Baldassare Castiglione, der in seinem »Il Libro del Cortegiano« (1528) ein Idealbild des etikettebewußten Hofmanns zeichnet, entwirft Baltasar Gracián 1646 in dem Traktat »El Discreto« eine weltmännische Tugendlehre, deren Kondensat sich im »Oraculo Manual« von 1647, Gracians Lebensklugheitslehre, wiederfindet. Im Wandel vom »klugen« zum »redlichen« Mann am Hofe, den J.M. v.Loen in seinem gleichnamigen Roman (1740) vollzieht, zeichnet sich schließlich ein moralischer Paradigmenwechsel zugunsten bürgerlicher Tugendmaximen ab.

menschen zu wappnen. So empfiehlt der Verfasser u. a. „zwey Maximen" im Umgang mit dem Schmeichler zu beachten: „*Alle schmeichelhaften Complimente von Personen, die uns gar nichts angehen, für leere Töne zu halten; und alle, besonders die feinern, Lobsprüche derjenigen, die mit uns in Verbindung stehen oder stehen wollen als Giftmischereyen anzusehen, bis wir sie näher und besser kennen gelernt*" (S. 181 f.).Gegen den „Neugierigen" schließlich empfiehlt der Zuschauer folgende Verhaltensregel: „*Halten Sie getrost alle Frager, wenn nicht Zeit, Freundschaft und Umstände sie rechtfertigen, für verdächtige gefährliche Menschen. Denn niemand verlangt Geheimnisse zu wissen, um sie geheim zu halten*" (S. 186 f.).

Obgleich der »Zuschauer« grundsätzlich einer bürgerlichen Redlichkeit das Wort redet, hält er Ehrlichkeit, Gutgläubigkeit und Offenherzigkeit zum gegenwärtigen Zeitpunkt für schwer einlösbare Verhaltensmaximen. Die moralische Reform der gesamten Gesellschaft wird hier gleichsam zu einer conditio sine qua non erhoben, ist sie doch Voraussetzung dafür, daß sich jeder Mensch frei und ohne Furcht vor Nachteilen über den bürgerlichen Tugendkanon definieren und somit in seiner Umwelt erfolgreich bewähren kann. Zugleich entschärft jedoch der »Zuschauer« seine pessimistische Gesellschaftskritik, indem er die Realisierung einer moralisch besseren Welt in ein fernes utopisches Jenseits, kurz, in eine Art goldenes Zeitalter verlegt. Vom Optimismus des Sittenrichters, des aufklärerischen Erziehers, der im Menschen ein von Natur aus vernünftiges und daher *jederzeit* zur Tugend fähiges Wesen erblickt, hat sich der »Zuschauer« in diesen beiden Nummern freilich weit entfernt. So widersprechen seine Ratschläge dem übereinstimmenden Gebot moralischer Wochenschriften, wonach „*das ständige Aufderhutsein vor dem Nachbarn, das grundsätzliche Mißtrauen, das in der politischen Welt des rücksichtslosen Egoismus als ein Gebot der Klugheit erscheinen muß, dem Tugendhaften nicht ansteht.*" Zugleich entsagen sie dem positiven, dem „*freundlichen Bild, das die Wochenschriften sich insgemein vom Menschen machen.*"[313] Man würde den »Zuschauer« andererseits fehlinterpretieren, versuchte man, seine Betrachtung der melancholischen Weltsicht des Sturm und Drang zuzuordnen, zeichnen sich doch in der seinen Ausführungen zugrunde liegenden Zweck-Mittel-Relation vielmehr Rudimente spätbarocken Denkens ab.

---

[313] Martens (1968), S. 350.

Melancholie und Weltflucht dominieren vielmehr die sich direkt anschließende Elegie von Heinrich Christian Boie: »Herbstbetrachtungen an Belinde«, die keine thematischen Bezüge aufweist zu dem vorangegangenen, pessimistisch-moralisierenden Traktat. Daß „die echten Moralischen Wochenschriften nur gelegentlich zum Vergnügen des Lesers und zur Ausfüllung leeren Raums Gedichte einrücken"[314] wird offensichtlich von Boie selbst bestätigt, der an Raspe schreibt: *„Zu dem unvollendeten Stücke des Zuschauers konnt' ich keinen andern Zusatz unter meinen Papieren finden, als ein ernsthafteres Fragment, das freylich noch nicht so ist, wie es seyn sollte, doch sich so ziemlich für die Stelle zu schicken schien."*[315] Dem emphatischen, von subjektiver Todesangst und Todessehnsucht beseelten Poem kommt demnach keine programmatische, sondern unterhaltsame, bestenfalls noch geschmacksbildende Funktion zu. Seinen Abdruck verdankt es, wie aus Boies Worten hervorgeht, weder reiflicher Vorüberlegung noch inhaltlicher Planung, sondern allein der Notwendigkeit zur Improvisation. Immerhin ist den Sittenschriften die Todesthematik nicht unbekannt,[316] so daß Boies Elegie dem Gattungsschema nicht völlig zuwiderläuft. Doch Ausdruck und Form sind den sonst eher nüchternen, die Gelassenheit des Gemüts beschwörenden, moralisiernden Wochenblättern fremd. Die zahlreichen Exklamationen und elliptischen Satzkonstruktionen zeugen von lebhafter, ja unkontrollierter Emotion, so daß das barocke Vanitas-Motiv hier nicht „ins Moralische umgebogen"[317] wird oder sich gar mit Vernunft paart, vielmehr unterliegt es den unmittelbaren subjektiven Gefühlsschwankungen des lyrischen »Ich«, wobei sich auf dem Höhepunkt der Gemütsbewegung Todesangst in Todessehnsucht verkehrt:

„O Tod! Wenn ich an dich, an dich gedenke -
Doch warum bist du mir so fürchterlich?
Nein, komm, o Tod! Willkommen bist du mir!" (S. 191).

---

[314] Ebd., S. 72.
[315] Brief Boies an Raspe vom 20. Juni 1772, in: Mittler (1855), S. 40.
[316] Vgl. Martens (1968), S. 277 ff.
[317] Ebd., S. 279.

Boie zählt gewiß nicht zu den herausragenden Schöpfernaturen des »Göttinger Hain«. Er selbst „dachte von seinen Gaben bescheiden", berichtet sein Biograph,[318] und scheint im Dichten eher reproduktiv gewesen zu sein: Die zentrale Vergänglichkeits- und Todes-Metapher einer dahinwelkenden Rose, die Boie in den »Herbstbetrachtungen« zitiert, hatte sein Bundesbruder Ludwig Christoph Heinrich Hölty bereits in der zwischen 1769 und 1772 entstandenen »Elegie auf eine Rose« vorweggenommen. Selbst der von Boie eingesetzte Name »Belinde« scheint phonetisch von Höltys »Selinde« aus der letzten Strophe abgeleitet zu sein. Der Leser hat es hier also keineswegs mit einer dichterischen Kostbarkeit zu tun, doch immerhin besitzt dieses Poem paradigmatische Funktion und konfrontiert das Publikum mit der jüngsten literarischen Strömung: dem Sturm und Drang.

3.5. Komposition

Der »Casselsche Zuschauer« komponiert seine im ersten Stück angekündigten „Bemerkungen und Betrachtungen" zumeist nach einem lockeren, assoziativen Prinzip, wonach sich, angeregt durch eine Beobachtung (Stücke 9 und 11), ein Erlebnis (20. Stück), eine These (2. Stück) oder durch Lektüre (Stücke 3 und 17),einigermaßen willkürlich Gedanke an Gedanke knüpft. Spontaneität dominiert die planerische Hand; zuspitzende Logik und Systematik unterliegen angesichts der bisweilen abschweifenden, manchmal ziellos dahinströmenden Überlegungen; der Vollständigkeit wird das Fragmentarische, das Skizzenhafte vorgezogen. Nach einem starken Auftakt enden viele Stücke abrupt, schließen ohne Pointe oder die Formulierung einer abschließenden Moral: *„Meine philosophische Predigt führt mich zu weit, ich breche hier ab, um ein andermal die Anwendung davon auf den Casselschen Horizont zu machen"* (S. 24). Als Motoren, die den Gedankenstrom am Laufen halten, fungieren vermeintlich spontane Erinnerungen oder plötzliche Einfälle, die einen Richtungswechsel innerhalb der Assoziationskette markieren. Nach diesem Prinzip verfährt der »Zuschauer« auch im dritten Stück, als er versucht, den Bogen zu schlagen von seiner Vergil-Lektüre, den

---

[318] Weinhold (1868/1970), S. 277.

Beschreibungen und Deutungen der »Harpyen«, bis hin zum Typ des destruktiven Nörglers, der alles, was er vorfindet, verbal „besudelt": *„Dies waren meine Gedanken ohngefehr (...), so fiel mir ein daß es noch eine andere Gattung unter unserm Geschlechte giebt, zu deren allegorischem Bilde man die Harpyen recht gut machen könnte"* (S. 18). Selbst in den Ausführungen zur Oper (Stücke 15, 16, 18, 19), in denen sich der »Zuschauer« mit Ab- und Ausschweifungen zurückhält, findet man solche Momente kontemplativer Unberechenbarkeit. So leitet der Verfasser eine abschließende Anekdote mit dem Satz ein: *„Nur noch eins, das mir bey dieser Gelegenheit einfällt"* (S. 120). Subjektivität, Weitschweifigkeit, plötzliche Wechsel in der Gedankenführung, abruptes Abbrechen der Überlegung, Nichtzuendeführen der Thematik, kurz, die offene Form, die der »Zuschauer« seinen Betrachtungen zugrunde legt, verweist auf den Essay-Charakter der meisten Stücke; es sind glossierende „Stegreifwerke",[319] denen der Weg bereits das Ziel bedeutet.

Nicht immer erörtert der Verfasser sein Thema monologisch, indem er zwischendurch Fragen aufwirft, um diese daraufhin für sein Publikum selbst zu beantworten: Der Monolog wird zum Dialog, sofern der »Zuschauer« völlig unvermittelt (5. Stück) - oder aber durch eine flüchtige Rahmung der Gesprächssituation ankündigend - Personen auftreten läßt, mit denen er kontrovers diskutiert oder gar disputiert: *„Ich begebe mich zuweilen an Oerter, wo sich viele Menschen versammeln, und wo ich, ohne mir etwas merken zu lassen, sorgfältig auf ihre Rede höre"* (S. 41), leitet er den nachfolgenden verbalen Schlagabtausch mit dem »Patrioten« ein.[320] Hier, wie auch in den Stücken fünf und acht, sind die Gesprächsrollen jedoch ungleich verteilt, denn dank bedeutend längerer Textpassagen dominiert der »Zuschauer« regelmäßig die Kontroversen, welche er am Ende auch grundsätzlich für sich entscheidet, ist er es doch, dem das letzte und somit entscheidende Wort obliegt. Die Dialogpartner fungieren mit ihren Fragen und Feststellungen jedoch nicht ausschließlich als Impulsgeber und Legitimationsbeschaffer für die Selbstinszenierung des »Zuschauers«, der sich auf diese Weise auch bei

---

[319] Ausdruck Thomas Manns für den Essay, vgl. Rohner (1968), S. 18.

[320] Es handelt sich um eine Standardsituation, die, wie der »Zuschauer« eingesteht, durch den »Spectator« vorgegeben ist: Das Verfasser-Ich gibt seine Distanz auf, um sich, freilich inkognito, unter eine Versammlung von Menschen zu mischen.

seinen Lesern Respekt und Autorität verschafft, gelegentlich werden sie sogar zu Projektionsflächen zugespitzter Meinungen, die der fiktive Verfasser selbst nicht zu artikulieren wagt (so beispielsweise bei der Infragestellung des französischen Geschmacks durch den „Patrioten" im 6. Stück oder der Kritik des „Fremden" am affektierten Auftreten französischer Schauspieler im 8. Stück). Diese dialogisierende, lebendige Form der Stoffvermittlung besitzt aus der Sicht des Publikums nicht nur einen größeren Unterhaltungswert, sondern zeigt zugleich die sich entwickelnde kommunikative Kultur des Bürgertums: Die fiktiven, wenngleich real nachvollziehbaren Dialoge erlangen über das Medium »Zuschauer« zum ersten Mal publizistischen Wert in der Residenzstadt.

Plastizität erreicht der »Zuschauer« vor allem dort, wo er Laster (Eitelkeit, Neid, Großmannssucht, Geiz, Scharlatanerie etc.) nicht nur benennt, sondern sie an Typen (»Starrkopf van Hebberecht«, »Titius«, »Belline«, Misanthrop;) und deren spezifischen Biographien und Verhaltensweisen exemplifiziert, dort, wo er prägnante Charakterskizzen in seinen Essay integriert (12. Stück), eine ganze Nummer mit einer moralischen Erzählung füllt (7. Stück) oder Charaktererzählungen (Stücke 11, 20;) absolviert.[321] Dabei bedient er sich in aller Regel der Satire, ohne seinen Figuren die Fähigkeit zur Einsicht und Verhaltenskorrektur zuzugestehen. An solchen Textstellen mißt der »Zuschauer« dem Auftrag zur Unterhaltung, dem delectare, offensichtlich größeren Wert bei als jenem zur Belehrung des Lesers.

Ein Porträt der anderen Art liefert der »Zuschauer« immerhin in seinem Brief »An Bellinen«. Hier geht der fiktive Verfasser nicht nur auf direkte Tuchfühlung mit einer seiner vermeintlichen Leserinnen, hier wird das satirische durch das erzieherische Moment deutlich dominiert, stellt er der Adressatin doch die Möglichkeit innerer Umkehr und seine Unterstützung bei diesem Gesinnungswandel in Aussicht.

Das Thema der Eitelkeit, der falschen, weil vordergründigen Schönheit (11. Stück), variiert der »Zuschauer« stofflich und formal noch einmal in der 13. Nummer, wo er den sittenstrengen Cato über den Sinn einer Kleiderordnung monologisieren läßt. Doch nicht nur hier greift der Verfasser ein bereits behandeltes Thema, eine längst diskutierte Frage wieder auf, um sie in ver-

---

[321] Zur Unterscheidung vgl. Schneider (1976), S. 81 ff.

änderter Form und um weitere Argumente bereichert, ein weiteres Mal zu behandeln. In gleicher Weise verfährt er bei der Typisierung des falschen Gelehrten, dessen Facetten im 10. und 12. Stück mittels unterschiedlicher Formen (moralische Betrachtung, Charakterskizze, Charaktererzählung) beleuchtet werden. Auch das Problem der »Nachahmung« erörtert der »Zuschauer« außer in der ersten noch einmal in der sechsten Nummer, diesmal in Dialogform. Und die Offenlegung, Erläuterung und Begründung seines programmatischen Vorsatzes verteilt sich auf insgesamt drei Nummern, wobei der Verfasser zuletzt sogar die Briefform wählt (22. Stück). Aus solchen thematischen Wiederaufnahmen resultiert schließlich die charakteristische auf Redundanz beruhende Struktur aller moralischen Wochenschriften.

Die Analyse der ersten Nummer zeigte bereits, daß der »Casselsche Zuschauer« auf ein Selbstporträt, abgesehen von spärlichen Eckdaten seiner Existenz (Beruf und Wohnort), verzichtet. Seine weltoffene-patriotische Einstellung, seine vernünftigen, dem empirischen Rationalismus verpflichteten Überzeugungen leiten sich allein aus dem sachbezogenen Räsonnement, den vernünftigen Argumenten des Verfasser-Ich ab. Auch in den folgenden Beiträgen bricht der »Zuschauer« das Schweigen über sein Herkommen, seinen Lebens- und Bildungsweg oder über den Zustand, in dem er sich zur Zeit befindet, nicht.

Mit Überraschung nimmt der Leser daher im 23. Stück ein persönliches Geständnis zur Kenntnis: „(...) *weil ich auch hintergangen, betrogen, getäuscht worden bin, sowohl durch meine unvorsichtige Art zu sehen und zu urtheilen, als durch die Verstellungskunst manches Menschen, mit dem ich zu thun gehabt habe*" (S. 179).[322] Neben des »Zuschauers« Brief »An Bellinen« zeugen vor allem die letzten beiden Nummern (Stücke 23 und 24) von der Intimität, die der Verfasser fähig ist, zwischen sich und einer ausgewählten Leserschaft, den »freymüthigen gutherzigen Biederseelen«, zu stiften. Zudem bemüht er sich beständig, das Publikum in seine (Gedanken-)Welt miteinzubeziehen und einen persönlichen Ton anzuschlagen: „*So gerathe ich ganz natürlich ins Feld der Betrachtung, aus dem ich meinen Lesern für heute nur etwas über die Kleiderordnung mittheilen werde*" (S. 97). Aus dem

---

[322] Es scheint müßig, darüber zu spekulieren, ob sich hinter der Zitatstelle Raspe selbst verbirgt, den etwa zeitgleich die ernüchternde Nachricht erreicht, daß „Jacobi Schuld an Klotzens Befehl zum Generalangriff auf [ihn] gewesen sei", vgl. Hallo (1934), S. 59.

kontinuierlich mitschwingenden, latenten Aufruf: »Hört zu, was ich euch zu sagen habe, schaut her, was ich euch zeige«, resultiert schließlich der Appellcharakter dieser wie auch aller übrigen Sittenschriften. Die bewußte Leserlenkung wird nicht nur in den Ratschlägen und Rezepten, die der »Zuschauer« gibt und verabreicht (Stücke 23 und 24), manifest, sondern zeigt sich schließlich auch in der auf Unmittelbarkeit zielenden Haltung des Räsoneurs gegenüber seinem Publikum.

Trotz seines Versteckspiels, trotz Geheimhaltung persönlicher Daten und des Verzichts auf Autobiographisches legitimiert sich der »Zuschauer« - zumal in den Dialogpassagen - als souveräner Mentor, dessen Ansichten und Ratschlägen der Leser scheinbar bedenkenlos folgen kann. Doch aufgrund der für eine moralische Wochenschrift typischen Ich-Perspektive und der daraus folgenden subjektiven, d.h. persönlich-individuellen Sicht der Dinge können die Aussagen und Urteile des Verfassers freilich keine Absolutheit oder gar Wahrheit beanspruchen. Dennoch beglaubigt der Verfasser seine Typenschilderungen, indem er vorgibt, sie aus Selbsterlebtem, aus leibhaftiger Anschauung gewonnen zu haben. Seinen Wertungen und Ratschlägen legt er in aller Regel eigene Erfahrung zugrunde, womit er seine Kompetenz zum Ausdruck bringt.

Wollte man den Räsoneur mit einem der älteren Essayisten vergleichen, so wäre es nicht Montaigne, sondern bestenfalls Francis Bacon, der *„auffallend kühl alles Persönliche unterdrückt"*, den *„nie der erzählerische Trieb erfaßt".*[323] Im Gegensatz zu manch anderem Sittenrichter erweist sich der »Casselsche Zuschauer« wahrlich nicht als großer Erzähler: Die minutiöse Beschreibung liegt ihm fern. Bericht, Erörterung und Aufzählung dominieren seine Prosa auch dort, wo es darum geht, Charaktere zu zeichnen: *„Starrkopf van Hebberecht ward vor ohngefehr funfzig Jahren in einem kleinen friesländischen Dorfe gebohren (...) Sein natürlicher guter Verstand und seine starken Knochen gaben ihm in der deutschen Schule, zu welcher er gehalten ward, gar bald eine Oberhand über seine Mitschüler (...) Im funfzehnten Jahre ward er zur größten Freude seiner Schulkameraden nach Holland geschickt, wo er zur Arbeitsamkeit angehalten ward, Linnen packen, schnüren und zeichnen, endlich aber auch einen Brief schreiben lernte. Sein*

---

[323] Rohner (1968), S. 11.

gutes Glück brachte ihn weiter in ein Comtoir, wo er ohne übrige Anstrengung seiner Verstandeskräfte einen Begriff vom italiänischen Buchhalten und Wechsel erhielt (...) Er ging also nach seinem Vaterlande zurück, wo sein Ruhm noch in des Schulmeisters Munde lebte" (S. 49 ff.).

Innerhalb des chronologischen Lebensberichts formt sich schließlich das Bild des neureichen, ungebildeten Emporkömmlings. Daß diese Satire ihren Unterhaltungswert allein aus der unverhohlen spöttischen Haltung des Erzählers und dem der Fabel zugrunde gelegten komischen Kontrast zwischen Schein und Sein des Protagonisten bezieht, zeigt, daß das künstlerisch-ästhetische Moment, wenn überhaupt, nur unzureichend entwickelt ist. Wo das Satirische fehlt, wie in der Parabel vom edlen Wilden (21. Stück), minimiert sich der Unterhaltungswert, so daß es dem Verfasser nur schwer möglich ist, sein Publikum auch ohne Spott und komische Pointen zu erfreun. So können wir abschließend nur bestätigen, was der »Zuschauer« bereits im ersten Stück ankündigt: *„Mein Beruf, ein Zuschauer zu seyn, liegt in der Möglichkeit und in dem Wunsche einigen Nutzen schaffen zu können"* - diesem einseitig belehrenden Anspruch, der das „delectare" weitgehend ausblendet, bleibt der Verfasser über weite Strecken seiner „Bemerkungen und Betrachtungen" treu.

3.6. Eine moralische Wochenschrift des Typs »Residenzblatt«

Wenn ich den »Casselschen Zuschauer« in den zurückliegenden Kapiteln bereits mit dem Terminus »moralische Wochenschrift« versehen und somit die Klassifizierung als Sittenschrift quasi vorweggenommen habe, so geschah dies, wie die Textanalyse zeigt, nicht bedenkenlos, sondern aus gutem Grund. Raspes Journal weist zunächst äußerlich, dann jedoch vor allem inhaltlich und kompositorisch, das Profil einer deutschen Sittenschrift auf, erfüllt es doch die wesentlichen von Martens benannten Gattungskriterien, als da sind: die fiktive Verfasserschaft, wobei der aus einer subjektiven Perspektive (»Ich«) berichtende und erörternde Räsoneur das bestimmende Gestaltungselement der gesamten Wochenschrift ist. Zwar verleiht sich der »Casselsche Zuschauer« eine vergleichsweise vage Identität, diese reicht jedoch aus, um ihn als einen integeren, souveränen Mentor, als Aufklärer und weltbürgerlichen Patrioten zu identifizieren. Er erfüllt damit die weltanschaulichen und charakterlichen Voraussetzungen, um sein Publikum überzeugend in Fragen der Tugend und des guten Geschmacks zu unterrichten.

Weiterhin war zu sehen, daß den meisten Stücken eine Textstruktur zugrunde liegt, die nicht auf eine durchkomponierte Abhandlung, sondern auf den locker gefügten Essay schließen läßt. Obgleich der »Casselsche Zuschauer« erzählerisch wenig zu bieten hat und das »prodesse« dominiert, bemüht er sich dennoch um Formenvielfalt und Anschaulichkeit seiner wöchentlichen „Bemerkungen und Betrachtungen". Neben Dialogszenen und Monologpassagen findet der Leser Briefe vom und an den »Zuschauer«, Charaktererzählungen und -skizzen, moralische Erzählungen und Betrachtungen, eine Parabel, eine Anekdote, eine knappe Gesellschaftsschilderung und zum Schluß sogar ein Gedicht.

Bei der Exemplifizierung der Tugend und des Lasters hält sich der Verfasser, wie es die Gattung verlangt, an Stereotypen: den Parvenü, den Gelehrten als Scharlatan und Hochstapler, die gefallsüchtige Gesellschaftsdame, den Misanthropen, die Schöne Seele, den edlen Wilden. Seine moralischen Betrachtungen sind verbunden mit dem Aufruf zur Mäßigung, Mitmenschlichkeit und bürgerlichen Verantwortung. Gegen die Eitelkeit und Verschwendungssucht der Damenwelt wird dort genauso polemisiert wie gegen den Geiz, die Unzufriedenheit und den Defätismus unter den Menschen.

Daneben gehört die Anleitung zum guten Geschmack und die Sensibilisierung des Publikums für die Schönen Künste zum Programm moralischer Wochenschriften. Seine wiederkehrenden Verweise auf die Muster der »Alten« bezeugen zwar, daß der »Zuschauer« kaum mit den zeitgleichen »Originalgenies« sympathisiert; nichtsdestoweniger unterscheidet sich seine sensitive Haltung den Künsten gegenüber freilich von jener der Gottsched-Zeit, so daß sich vor allem an Hand gewandelter ästhetischer Parameter bestimmen läßt, daß es sich hier um eine Sittenschrift handelt, der die Rezeption Lessings und Winckelmanns bereits vorausgegangen ist.

Faßt man all dies zusammen und vergegenwärtigt sich, daß der »Zuschauer« mit dem Vorsatz angetreten ist, seine Mitbürger „zufriedener" zu machen, indem er sich befleißigt, „das Gute, dessen sich ein Einwohner der hiesigen Stadt und der hiesigen Lande zu erfreuen hat, in sein wahres Licht zu stellen" (S. 30), dann kann es keinen Zweifel mehr geben, an der leserlenkenden und bewußtseinssteuernden Funktion dieses patriotischen Journals. Das in diesem Zusammenhang mehrmals formulierte Fürstenlob verbindet sich jedesmal mit dem Anspruch, den Lustgewinn und die Glückseligkeit der Bevölkerung zu befördern.

Den »Casselschen Zuschauer« als „Grenzfall" einzustufen, als moralische Wochenschrift mit Tendenzen zu anderen Zeitschriftenarten, heißt, über den Text und der ihm zugrunde liegenden Intention gründlich hinwegzulesen. Und mit welcher anderen Zeitschrift, möchte man Martens fragen, sollte das Kasseler Wochenblatt eigentlich Verwandtschaft aufweisen - mit dem gelehrten Journal, der populärwissenschaftlichen oder der literarischen Zeitschrift oder gar mit dem Magazin, das doch zuallererst die Unterhaltung des Publikums propagiert? Für ein volksaufklärerisches Blatt indes ist Raspes »Zuschauer«, der doch hauptsächlich ein urbanes Publikum anspricht, wiederum zu anspruchsvoll. Inhalt, Komposition und Intention widersprechen, wie wir gesehen haben, der Bestimmung des »Casselschen Zuschauers« als einem publizistischen Zwitterwesen. Seine Zugehörigkeit zur Gattung der moralischen Wochenschriften hat sich vielmehr als eindeutig erwiesen.

Die Benennung des Wochenblatts ist in dreierlei Hinsicht zugleich Programm: Im Titel wird zurecht, wie wir sahen, der spectatorische Charakter annonciert. Darüber hinaus liegt bereits hier die Betonung auf der lokalen Perspektive, d. h., die Residenzstadt wird zum primären Objekt der Betrachtung, so daß die städtische Bevölkerung zum Hauptadressaten des Blattes avanciert. Dieser moralischen Wochenschrift kommt daher nicht nur rein appellative, sondern zugleich auch eine die lokalen Verhältnisse abbildende Funktion zu: Da ist zunächst das gleich mehrmals artikulierte Fürstenlob, das direkte Inbeziehungsetzen territorialer Vorzüge mit der Person des kunstliebenden Landgrafen. Dieses Lob ist nicht allein Topos, vielmehr zeigt es die Abhängigkeit allgemeiner Wohlfahrt von der fürstlichen Initiative und verweist somit auf ein Stück gesellschaftspolitischer Realität. Moralische Wochenschriften handelsstädtischen Ursprungs lassen solche im Lob des fürstlichen Landesvaters verdichteten Zusammenhänge freilich vermissen.

Sodann bildet die Beschäftigung mit der landgräflichen Oper einen thematischen Schwerpunkt. Der »Zuschauer« weiß wohl um die moralische Pikanterie dieses Sujets, dessen sich ein Sittenrichter normalerweise nicht anzunehmen hat, konfrontiert es jedoch mit Begriffen aus dem bürgerlich-empfindsamen Vokabelschatz.

Der Schönen Literatur widmet der Verfasser dagegen kaum Aufmerksamkeit: Lektüreempfehlungen werden nur selten ausgesprochen. Dabei handelt es sich zum einen um den »Göttinger Musenalmanach«, zum anderen um den Hamilton-Katalog und die Dichtkunst Marmontels. Deneben soll wohl durch den Abdruck des Boie-Gedichts ein kleiner Beitrag zur literarischen Geschmacksbildung geleistet werden. Doch insgesamt hält der »Zuschauer« sein Publikum vielmehr zum Besuch der Oper und des Theaters an statt zur häuslichen Lektüre. In der Aussparung dieses Themenkomplexes spiegelt sich schließlich das Defizit des literarischen Lebens in der Residenzstadt, gehörten doch, wie Hans-Jürgen Scholz festgestellt hat, „die Neigungen des Landgrafen den belles lettres nur in zweiter Linie"[324] und dann auch in erster Linie französischen Schriftstellern. Die poetischen Zeugnisse der Landgrafschaft beschränken sich vor allem auf Gelegenheitsdichtung, und die Panegyriker entstammen fast immer dem bürgerlichen Gelehrtenstand.[325] Darüber hinaus wurden bibliophile Institutionen, die nicht, wie das Museum Fridericianum, zu Repräsentationszwecken taugten, von der staatlichen Protegierung ausgenommen: Eine Lesegesellschaft konnte sich während der Regierungszeit Friedrichs II. in der Residenzstadt nicht etablieren, und die Entstehung von Leihbibliotheken ist, wie Thomas Sirges feststellt, vor allem der Geschäftstüchtigkeit örtlicher Buchhändler zu verdanken. Auch hier bildet der »Casselsche Zuschauer« quasi durch Weglassen eines ganzen thematischen Komplexes städtische Realität ab.

Das gleiche gilt für die Thematisierung der Armut und den Hinweis auf die moralische Verpflichtung aller Bürger, ihr durch private Spenden entgegenzuwirken: Schließlich waren vor allem die Residenzstädte von diesem sozialen Problem betroffen, weshalb es der »Zuschauer« auch in einem konkreten Zusammenhang, der Hauskollekte, darstellt.

Entscheidend jedoch für eine Differenzierung innerhalb der Gattungsfamilie durch die Typisierung des »Casselschen Zuschauers« als Residenzblatt erscheint mir die These, daß dem Verzicht des Verfasser-Ich auf Ausleuchtung seiner wenngleich fiktiven Biographie die Vergegenwärtigung der Prä-

---

[324] Scholz (1979), S. 103.

[325] Aus der Kasseler Professorenschaft rangiert hier an erster Stelle W.J.Ch.G. Casparson, dessen Funktion als Gelegenheitsdichter Susanne Pestel (1987) in ihrer Examensarbeit beleuchtet hat.

senz höfischen Lebens zugrunde liegt. In diesem Zusammenhang soll noch einmal auf die Stücke 23 und 24 verwiesen werden, in denen der »Zuschauer« eine von Skeptizismus beseelte Klugheitslehre skizziert, die er seinen „gutherzigen" Lesern anempfiehlt. Die dort vorgetragenen Verhaltensappelle lassen sich verkürzen auf den Ratschlag: »Traue keinem und halte dich bedeckt.« Folgerichtig muß es dem Verfasser opportun erscheinen, sich über die eigene Existenz auszuschweigen, und das Diktum, er wolle kein „vorwitziger Zuschauer" sein, leitet sich schließlich aus der von ihm selbst propagierten Klugheitslehre ab, wonach man sich insbesondere vor „dem Neugierigen" hüten sollte. Hiermit überträgt er freilich Verhaltensstrategien höfischer Provenienz auf seine und seiner Mitmenschen bürgerliche Existenz. Zum Verständnis dieses Phänomens muß noch einmal darauf hingewiesen werden, daß der Herausgeber des »Casselschen Zuschauers« Teil jener „Funktionselite" ist, die zwischen Hof und Bürgerschaft verkehrt und dessen Erfahrungshorizont daher mitgeprägt sein dürfte von politischer Klugheit und dem Etikette-bewußtsein der höfischen Gesellschaft.

Die weitgehende Anonymisierung des fiktiven Verfassers ist in diesem konkreten Fall kein Zeichen des Gattungsverfalls, wie Martens konstatiert,[326] sondern der teilweise kritischen Anverwandlung lokaler Verhältnisse, von denen man den »Casselschen Zuschauer« losgelöst nicht angemessen interpretieren kann. Normabweichungen und inhaltliche Besonderheiten dieser Wochenschrift, die wir soeben beobachten konnten, speisen sich sämtlich aus der vorgefundenen lokalen Kulturlandschaft und den Spezifiken eines höfisch-absolutistisch dominierten Geimeinwesens, dessen Spiegel der »Zuschauer« in nicht geringem Maße ist.

Es erscheint mir daher gerechtfertigt, Raspes moralische Wochenschrift, wenn auch vorbehaltlich, als Residenzblatt zu typisieren. Bestätigung könnte diese These erfahren durch die Erstellung eines Korpus, bestehend aus Sittenschriften, die in einer Residenz erscheinen oder deren Bezugsobjekt eine solche darstellt. Die Analyse paralleler Normabweichungen, die im Zusammenhang stehen mit den typischen Ausformungen kulturellen, gesellschaftlichen und politischen Lebens in einer deutschen Haupt- und Residenzstadt, müßte sodann folgen, um schließlich zu allgemeinen und verbindlichen Kriterien der Typenbeschreibung zu gelangen.

---
[326] Vgl. Martens (1968), S. 95 ff.

4. Würdigung

Der »Casselsche Zuschauer« gehört ganz sicher nicht zu den herausragenden Vertretern seiner Gattung, sondern zum großen Kreis mittelmäßiger Sittenschriften. Er besitzt weder das erzählerische Vermögen des »Patrioten«, dessen feines Gespür für die episch-unterhaltsame Einkleidung der Themen, noch beherrscht er den leichten ironischen Ton des »Spectator«, den zu lesen noch heute Vergnügen bereitet. Im Vergleich mit diesen epochalen Texten der Sittenschriftenmode ist man geneigt, Raspes wöchentliche Stücke als ungelenk komponierte Blätter zu bezeichnen, die für den heutigen Leser einen ausschließlich historischen Wert besitzen.

Vor dem Hintergrund der Gesamtentwicklung des deutschen Zeitschriftenwesens, wie ich sie im ersten Teil skizziert habe, erscheinen der »Casselsche Zuschauer« als überkommener Typus und Raspes journalistisches Bemühen als geradezu anachronistisch. Doch ist es gerade diese kaum differenzierende Sichtweise, die eine Beschäftigung mit dem Kasseler Wochenblatt bislang als überflüssig hat erscheinen lassen müssen. Allein das Fokussieren des »Zuschauers« innerhalb seines regionalen und lokalen Bezugrahmens ermöglicht eine angemessene Würdigung.

Dies zur Prämisse der Beurteilung gemacht, erweist sich der »Casselsche Zuschauer« als publizistische Kostbarkeit, besitzt doch die Landgrafschaft mit ihm das erste räsonierende Journal, welches lange Zeit, mit Ausnahme des »Hanauischen Magazins«,[327] das einzige Beispiel für die Existenz eines Zeitschriftenwesens in Hessen-Kassel ist: Erst zehn Jahre später, 1782, bringt der Franzose J.P.L. Luchet ein weiteres, diesmal jedoch französisches Journal heraus, das bis 1783 erscheint.[328]

Bedeutsam für die regionale Entwicklung von Aufklärung und Öffentlichkeit ist, daß mit Herausgabe des »Casselschen Zuschauers« der vorwiegend gebildeten Bürgerschaft erstmalig eine öffentliche Stimme verliehen wird: Der »Zuschauer« appelliert in seinen Texten nicht allein an seine Mitbürger, sondern auch, wie die Stücke über Oper, Gesangskunst, Theater, Kunsthandwerk und Porzellanmanufaktur sowie über die städtische Hunde-

---

[327] Vgl. Anm. 277.
[328] Vgl. Meidenbauer (1991), S. 191 ff.

haltung zeigen, an den dem gemeinen Besten verpflichteten Souverän. Besonders in Geschmacksfragen stellt der »Zuschauer« seine Kompetenz unter Beweis und legt sich damit nicht selten quer zu einem überkommenen Kunstideal spätbarocker Prägung: Die Essays über Oper, Gesang und Kunsthandwerk zeigen, daß sich in der Residenzstadt der Klassizismus noch nicht in allen Künsten durchgesetzt hatte. Auch die Nebenfiguren des »Zuschauers«, der sogenannte „Patriot" und die beiden Stadtbesucher aus der achten Nummer, erweisen sich in geschmacklicher Hinsicht als Impulsgeber, welche die dominante französische Mode respektlos kritisieren.

Obwohl der »Zuschauer« als guter Patriot prinzipiell ein Apologet des Systems bleibt, sich Reformen nur innerhalb des bestehenden Ordnungsgefüges vorstellen kann, würde ich seine Haltung nicht ausnahmslos als affirmativ, sondern als ambivalent kennzeichnen: Der fiktive Verfasser bewegt sich in seinen Blättern zwischen Anpassung und leiser, doch vernehmbarer Kritik und ist damit ganz Kind der hinter ihm stehenden zwiespältigen Existenz(en): des öffentlichen Staatsbeamten einerseits und des gelehrten, in Geschmacksfragen kompetenten, privaten Bürgers andererseits. Das pauschale Urteil, wonach sich der »Casselsche Zuschauer« „ganz auf die Apologie des Bestehenden einschränkt",[329] kann ich daher nicht teilen.

Der »Casselsche Zuschauer« verleiht dem bürgerlichen Gestaltungswillen Ausdruck, indem er Öffentlichkeit nicht nur herstellt, sondern diese zugleich abbildet, worin er freilich seinem Vorbild nacheifert. Die Dialoge, insbesondere jener mit dem „Patrioten" aus der sechsten Nummer, besitzen geradezu Symbolcharakter für die kommunikative, ja diskursive Kultur des gehobenen Bürgertums.

Schließlich tragen die meisten Stücke, vor allem jedoch die Satiren und solche, denen antiquarisches oder musikalisches Wissen zugrunde liegt, die Handschrift des Herausgebers: Es bedarf keiner nachgeholten Verklärung, wenn man feststellt, daß Rudolf Erich Raspe mit der Begründung des »Casselschen Zuschauers« einmal mehr bewiesen hat, daß er als engagierter und schrittmachender Kopf unter seinen Kasseler Professorenkollegen herausragt.

---

[329] Ebd., S. 189.

III. ANHANG

Literaturverzeichnis

Adelung, Johann Christoph (1777): Versuch eines vollständigen grammatisch-kritischen Wörterbuchs der hochdeutschen Mundart, 3. Teil, Leipzig.

Ders. (1796): Grammatisch-kritisches Wörterbuch der hochdeutschen Mundart, Bd.II, Hildesheim.

Allgemeine Deutsche Biographie (1882), Bd. 16, (1886), Bd. 23, Leipzig.

Aufklärung und literarische Öffentlichkeit (1980), hg. v. Christa Bürger/Peter Bürger/Jochen Schulte-Sasse, Frankfurt a. M.

Aus den Tagen der althessischen Gesellschaft des Ackerbaus (o.V.) (1911), in: Hessenland, 25. Jg., Kassel.

Baumert, Dieter Paul (1928): Die Entstehung des deutschen Journalismus. Eine sozialgeschichtliche Studie, München/Leipzig.

Beck, Hanno (1952): Collegium Carolinum. Beiträge zur Geschichte einer großen Institution, in: Hessische Heimat, H. 3/4, Kassel.

Berge, Otto (1952): Die Innenpolitik des Landgrafen Friedrich II. von Hessen-Kassel, Diss., Mainz.

Berghahn, Klaus L. (1984): Das schwierige Geschäft der Aufklärung. Zur Bedeutung der Zeitschriften im literarischen Leben des 18. Jahrhunderts, in: Aufklärung, hg. v. Hans-Friedrich Wessels, Königstein/Ts.

Beutler, J.H.C./Gutsmuths, J.C.F. (1790): Allgemeines Sachregister über die wichtigsten deutschen Zeit- und Wochenschriften, Leipzig.

»Bibliothek der Schönen Wissenschaften und der Freyen Künste« (1765), hg. v. Christian Felix Weiße, Bd.12, Leipzig.

Bodmer, Hans (1895): Die Gesellschaft der Maler in Zürich und ihre Diskurse (1721-1723), Frauenfeld.

Bödeker, Hans Erich (1982): Strukturen der Aufklärungsgesellschaft in der Residenzstadt Kassel, in: Mentalitäten und Lebensverhältnisse. Beispiele aus der Sozialgeschichte der Neuzeit, Göttingen.

Ders. (1987): Aufklärung als Kommunikationsprozeß, in: Aufklärung, H. 2, Hamburg.

Bohrmann, Hans/Schneider, Peter (1975): Zeitschriftenforschung. Ein wissenschaftsgeschichtlicher Versuch, Berlin.

von Both, Wolf/Vogel, Hans (1973): Landgraf Friedrich II. von Hessen-Kassel. Ein Fürst der Zopfzeit, o.O.

Bräuning-Oktavio, Hermann (1972): Wetterleuchten der literarischen Revolution, Darmstadt.

Brandes, Helga (1974): Die »Gesellschaft der Mahler« und ihr literarischer Beitrag zur Aufklärung. Eine Untersuchung zur Publizistik des 18. Jahrhunderts, Bremen.

Brandt, Harm-Hinrich u. a. (1991): Wirtschaft und Politik in Nordhessen seit dem 18. Jahrhundert, Kassel.

Campe, J.H. (1788): Beantwortung des Einwurfs von Christian Garve »wider die Nützlichkeit periodischer Schriften«, in: Braunschweigisches Journal, Bd.1, Braunschweig.

Ders. (1811): Wörterbuch der deutschen Sprache, Bd. 5, Braunschweig.

Carswell, John (1950): The Prospector. Being the Life and Times of Rudolf Erich Raspe, London.

»Der Casselsche Zuschauer« (1772), hg. v. Rudolf Erich Raspe, Göttingen und Gotha.

Charakteristik der vornehmsten europäischen Nationen (1772), aus dem Englischen übersetzt, 2.Teil, Leipzig.

Deutscher Biographischer Index (1986), hg. v. Willi Gorzny, Bd.1, München usw.

»Deutsches Museum« (1784), Bd.I, darin: Briefe aus Kassel (o.V.), Leipzig.

Dictionnaire de Biographie Française (1939), Bd. 3, Paris.

Diesch, Carl (1927): Bibliographie der germanistischen Zeitschriften, Leipzig.

»Die Discourse der Mahlern« (1721/1969), hg. v. Johann Jakob Bodmer/Johann Jakob Breitinger, Zürich/Hildesheim.

van Dülmen, Richard (1986): Die Gesellschaft der Aufklärer. Zur bürgerlichen Emanzipation und aufklärerischen Kultur in Deutschland, Frankfurt a. M.

Elias, Norbert (⁴1989): Die höfische Gesellschaft. Untersuchungen zur Soziologie des Königtums und der höfischen Aristokratie, Frankfurt a. M.

Engelsing, Rolf (1973): Analphabetentum und Lektüre. Zur Sozialgeschichte des Lesens in Deutschland zwischen feudaler und industrieller Gesellschaft, Stuttgart.

Ders. (1974): Der Bürger als Leser. Lesergeschichte in Deutschland 1500-1800, Stuttgart.

Ders. (1976): Wieviel verdienten die Klassiker?, in: Neue Rundschau, H. 1, Frankfurt a.M.

Ders. (²1978): Zur Sozialgeschichte deutscher Mittel- und Unterschichten, Göttingen.

Enke, Ulrike (1994): Über die Hessischen Beiträge zur Gelehrsamkeit und Kunst, in: Samuel Thomas Soemmerring in Kassel (1779-1784). Beiträge zur Wissenschaftsgeschichte der Goethezeit, hg. v. Manfred Wenzel, Stuttgart u. a.

Ermatinger, Emil (1969): Deutsche Kultur im Zeitalter der Aufklärung, Frankfurt a.M.

d'Ester, Karl (²1962): Zeitung und Zeitschrift, in: Deutsche Philologie im Aufriß, hg. v. Wolfgang Stammler, Bd. 3, Berlin.

Fechner, Jörg-Ulrich (1980): Rudolf Erich Raspe 1737-1794, in: Deutsche Schriftsteller im Porträt, hg. v. Jürgen Stenzel, Bd. 2, München.

Fischer, Heinz-Dietrich (1973): Die Zeitschrift im Kommunikationssystem, in: Deutsche Zeitschriften des 17. bis 20. Jahrhunderts, hg. v. Heinz-Dietrich Fischer, München.

Fuchs, Peter (1992): Der Musenhof. Geistesleben und Kultur in den Residenzen der Neuzeit, in: Residenzen. Aspekte hauptstädtischer Zentralität von der frühen Neuzeit bis zum Ende der Monarchie, hg. v. Kurt Andermann, Sigmaringen.

Gerland, W. (1924): Die Tätigkeit der am 17. Dezember 1765 errichteten Hessischen Gesellschaft für den Landbau und ihrer Nachfolgerin, der 1773 errichteten Gesellschaft für Ackerbau und Kunst, in: Landwirtschaftliche Jahrbücher, Bd. 59, H.2, Berlin.

Geschichtliche Grundbegriffe. Historisches Lexikon zur politisch-sozialen Sprache in Deutschland (1973 ff.), hg. v. Otto Brunner/Werner Conze/Reinhart Koselleck, 5 Bde. Stuttgart.

Glück und Moral (1987), hg. v. M. Baurmann/H. Kliemt, Stuttgart.

Göpfert, Herbert G. (1974): Bemerkungen über Buchhändler und Buchhandel zur Zeit der Aufklärung in Deutschland, in: Wolfenbütteler Studien zur Aufklärung, hg. v. Günter Schulz, Bd. I, Wolfenbüttel.

Der Göttinger Hain (1967): Hölty - Miller - Stolberg - Voß, hg. v. Alfred Kelletat, Stuttgart.

»Göttinger Musenalmanach auf 1772« (1897), hg. v. Carl Redlich, Leipzig.

Goldfriedrich, Johann (1909): Geschichte des deutschen Buchhandels, Bd. 3, Leipzig.

Gottsched, Johann Christoph (⁴1751/1962): Versuch einer critischen Dichtkunst, Leipzig/Darmstadt.

Graf, Günter (1952): Der Spectator von Addison und Steele als publizistische Erscheinung, o.O.

Die Grenzboten (1872): Zeitschrift für Politik, Literatur und Kunst, 31. Jg., Bd. 1, Leipzig.

Greven, Jochen (1973): Grundzüge einer Sozialgeschichte des Lesens und der Lesekultur, in: Lesen - Ein Handbuch, hg. v. Alfred C. Baumgärtner, Hamburg.

Grimm, Jacob/Grimm, Wilhelm (1860/1984): Deutsches Wörterbuch, Leipzig/München.

Guthke, Karl S. (1975): Literarisches Leben im achtzehnten Jahrhundert in Deutschland und in der Schweiz, Bern/München.

Habermas, Jürgen (1962/1990): Strukturwandel der Öffentlichkeit. Untersuchungen zu einer Kategorie der bürgerlichen Gesellschaft, Frankfurt a. M.

Ders. (1981): Theorie des kommunikativen Handelns, 2 Bde., Frankfurt a. M.

Hagemann, Walter (Hg.), (1957): Die deutsche Zeitschrift der Gegenwart, Münster.

Hallo, Rudolf (1934): Rudolf Erich Raspe. Ein Wegbereiter von Deutscher Art und Kunst, Stuttgart.

Hartwig, Th. (1908): Mitteilungen aus der Geschichte des Collegium Carolinum in Cassel, in: Zeitschrift des Vereins für hessische Geschichte und Landeskunde, Bd. 41, Kassel.

Hauser, Arnold (1953): Sozialgeschichte der Kunst und Literatur, München.

Heidelbach, Paul (1957): Kassel. Ein Jahrtausend hessischer Stadtkultur, Kassel.

Hempfer, Klaus W. (1973): Gattungstheorie. Information und Synthese, München.

Hettner, Hermann (⁴1893): Geschichte der deutschen Literatur im achtzehnten Jahrhundert, zwei Bücher, Braunschweig.

Hiller, Helmut (1966): Zur Sozialgeschichte von Buch und Buchhandel, Bonn.

Hocks, Paul/Schmidt, Peter (1975): Literarische und politische Zeitschriften. 1789-1805. Von der politischen Revolution zur Literaturrevolution, Stuttgart.

Hoffmann, Jochen (1981): Jakob Mauvillon. Ein Offizier und Schriftsteller im Zeitalter der bürgerlichen Emanzipationsbewegung, Berlin.

Hopf, Wilhelm (Hg.), (1930): Die „Revolution der Casselschen Bibliothek". Der Umzug in das Museum Fridericianum, in: Die Landesbibliothek Kassel 1580-1930, Marburg.

Horkheimer, Max/Adorno, Theodor W. (1944/1992): Dialektik der Aufklärung. Philosophische Fragmente, New York/Frankfurt a. M.

Im Hof, Ulrich (1982): Das gesellige Jahrhundert. Gesellschaft und Gesellschaften im Zeitalter der Aufklärung, München.

Index deutschsprachiger Zeitschriften 1750-1815 (1989), hg. v. d. Akademie der Wissenschaften zu Göttingen, Hildesheim.

Jacobs, Jürgen (1976): Prosa der Aufklärung. Kommentar zu einer Epoche, München.

Jentsch, Irene (1937): Zur Geschichte des Zeitungslesens in Deutschland am Ende des 18. Jahrhunderts. Mit besonderer Berücksichtigung der gesellschaftlichen Formen des Zeitungslesens, Diss., Leipzig.

Jentzsch, Rudolf (1912): Der deutsch-lateinische Büchermarkt nach den Leipziger Ostermeßkatalogen von 1740, 1770 und 1800 in seiner Gliederung und Wandlung, Leipzig.

Kaiser, Gerhard (^{2}1976): Aufklärung, Empfindsamkeit, Sturm und Drang, München.

Kallweit, Adolf (1966): Die Freimaurerei in Hessen-Kassel. Königliche Kunst durch zwei Jahrhunderte von 1743-1965, Baden-Baden.

Kalthoff, Edgar (1969): Rudolf Erich Raspe 1736-1794, in: Niedersächsische Lebensbilder, hg. v. Edgar Kalthoff, Bd.6, Hildesheim.

Kant, Immanuel (1784/1974): Beantwortung der Frage: Was ist Aufklärung?, in: Was ist Aufklärung? Thesen und Definitionen, hg. v. Ehrhard Bahr, Stuttgart.

Kawczynski, Max (1880/1969): Studien zur Literaturgeschichte des XVIII. Jahrhunderts. Moralische Zeitschriften, Leipzig/Hildesheim.

Kayser, Wolfgang (^{8}1962): Das sprachliche Kunstwerk, Bern/München.

Keim, Christiane (1990): Städtebau in der Krise des Absolutismus, Marburg.

Kiesel, Helmuth/Münch, Paul (1977): Gesellschaft und Literatur im 18. Jahrhundert. Voraussetzungen und Entstehung des literarischen Marktes in Deutschland, München.

Kieslich, Günter (1961): Die deutsche Zeitschrift 1960/61, in: Die deutsche Presse 1961, hg. v. Institut für Publizistik der Freien Universität Berlin, Berlin.

Kirchner, Joachim (1928/1931): Die Grundlagen des deutschen Zeitschriftenwesens. Mit einer Gesamtbibliographie der deutschen Zeitschriften bis zum Jahre 1790, 2 Teile, Leipzig.

Ders. (1942): Das deutsche Zeitschriftenwesen, seine Geschichte und seine Probleme, 1. Teil: Von den Anfängen des Zeitschriftenwesens bis zum Ausbruch der Französischen Revolution, Leipzig.

Ders. (1969): Bibliographie der Zeitschriften des deutschen Sprachgebietes bis 1900, Bd. I: Die Zeitschriften des deutschen Sprachgebietes von den Anfängen bis 1830, Stuttgart.

Kohlschmidt, Werner/Wiegand, Julius (²1965): Moralische Wochenschriften, in: Reallexikon der deutschen Literaturgeschichte, bgrd. v. Paul Merker und Wolfgang Stammler, Bd. 2, Berlin u. a.

Kolbe, Wilhelm (1883): Zur Geschichte der Freimaurerei in Kassel 1766-1824, Berlin.

Kopitzsch, Franklin (1983): Die Aufklärung in Deutschland. Zu ihren Leistungen, Grenzen und Wirkungen, in: Archiv für Sozialgeschichte, hg. v. Friedrich-Ebert-Stiftung, Bonn.

Koschwitz, Hansjürgen (1968): Der früheste Beleg für das Wort »Zeitschrift«, in: Publizistik, 13. Jg., H. 1., Konstanz.

Koselleck, Reinhart (⁶1989): Kritik und Krise. Eine Studie zur Pathogenese der bürgerlichen Welt, Frankfurt a. M.

Krieger, J. Chr. (Hg.), (1805): Cassel in historisch - topographischer Hinsicht, Marburg.

Krüger, Gustav (1931): Die Eudämonisten. Ein Beitrag zur Publizistik des ausgehenden 18. Jahrhunderts, in: Historische Zeitschrift, Bd. 143, München/Berlin.

Langenbucher, Wolfgang R. (1969): Die Unterhaltungsliteratur in den publizistischen Mitteln, in: Handbuch der Publizistik, hg. v. Emil Dovifat, Bd. 3, 2. Teil, Berlin.

Langenohl, Hanno (1964): Die Anfänge der deutschen Volksbildungsbewegung im Spiegel der moralischen Wochenschriften, Ratingen.

Die Leihbibliothek als Institution des literarischen Lebens im 18. und 19. Jahrhundert (1980), hg. v. Georg Jäger und Jörg Schönert, Hamburg.

Lengauer, Hubert (1972): Zur Sprache moralischer Wochenschriften, Wien.

Lessing, Gotthold Ephraim (1759/³1892/1968): Briefe, die neueste Litteratur betreffend. 1759-1765. Briefe 48-51, in: Sämtliche Schriften, hg. v. Karl Lachmann, Bd. 8, Stuttgart/Berlin.

Lindemann, Margot (1969): Deutsche Presse bis 1815. Geschichte der deutschen Presse, Teil I, Berlin.

Lücke, Heinrich (1960): Rudolf Erich Raspe (1736-94). Aus dem bewegten Leben eines klugen Mannes, in: Heimatland, H. 5, Hannover.

Luehrs, Phoebe M. (1909): »Der Nordische Aufseher«. Ein Beitrag zur Geschichte der moralischen Wochenschriften, Diss., Heidelberg.

Lynker, W. (1865): Geschichte des Theaters und der Musik in Kassel, Kassel.

Manheim, Ernst (1933/1979): Aufklärung und öffentliche Meinung. Studien zur Soziologie der Öffentlichkeit im 18. Jahrhundert, hg. v. Norbert Schindler, Stuttgart-Bad Cannstatt.

Martens, Wolfgang (1962): Der hochgeehrte Herr Freymäurer. Über Freimaurerei und Moralischen Wochenschriften, in: Euphorion, Zeitschrift für Literaturgeschichte, Bd. 56, Heidelberg.

Ders. (1968): Die Botschaft der Tugend. Die Aufklärung im Spiegel der deutschen Moralischen Wochenschriften, Stuttgart.

Ders. (1974): Die Geburt des Journalisten in der Aufklärung, in: Wolfenbütteler Studien zur Aufklärung, hg. v. Günter Schulz, Bd. I, Wolfenbüttel.

Ders. (1976): Bürgerlichkeit in der frühen Aufklärung, in: Aufklärung, Absolutismus und Bürgertum in Deutschland, hg. v. Franklin Kopitzsch, München.

Ders. (1980): Zu Rolle und Bedeutung der Zeitschrift in der Aufklärung, in: Photorin, 3. Jg., Saarbrücken.

Ders. (1981): Formen bürgerlichen Lesens im Spiegel der deutschen Moralischen Wochenschriften, in: Lesegesellschaften und bürgerliche Emanzipation. Ein europäischer Vergleich, hg. v. Otto Dann, München.

Martino, Alberto (1990): Die deutsche Leihbibliothek. Geschichte einer literarischen Institution (1756-1914), Wiesbaden.

Maurer, Michael (1987): Aufklärung und Anglophilie in Deutschland, Göttingen/Zürich.

Mauvillons Briefwechsel oder Briefe von verschiedenen Gelehrten (1801), gesammelt und herausgegeben von seinem Sohn, F. Mauvillon, o.O.

Meidenbauer, Jörg (1991): Aufklärung und Öffentlichkeit. Studien zu den Anfängen der Vereins- und Meinungsbildung in Hessen-Kassel 1770-1806, Darmstadt/Marburg.

Ders. (1994): Aufklärung und Öffentlichkeit in Hessen-Kassel 1770-1806, in: Staat, Gesellschaft, Wissenschaft. Beiträge zur modernen hessischen Geschichte, Marburg.

Menz, Gerhard (1928): Die Zeitschrift. Ihre Entwicklung und ihre Lebensbedingungen. Eine wirtschaftsgeschichtliche Studie, Stuttgart.

Michelsen, Peter (1981): Der unruhige Bürger. Der Bürger und die Literatur im 18. Jahrhundert, in: Bürger und Bürgerlichkeit im Zeitalter der Aufklärung, hg. v. Rudolf Vierhaus, Heidelberg.

Milberg, Ernst (1880/1981): Die deutschen moralischen Wochenschriften des 18. Jahrhunderts, Diss., Meissen/London.

Mittler, Franz Ludwig (1855): Briefe von Boie, Herder, Höpfner, Gleim, J. G. Jacobi und anderen aus den Jahren 1769-1775, in: Weimarisches Jahrbuch, Bd. 3, H. 1, Hannover.

Ders. (1857): Fortsetzung von Jahrb. 3, in: Weimarisches Jahrbuch, Bd. 6, Hannover.

Mix, York-Gothart (1987): Die deutschen Musen-Almanache des 18. Jahrhunderts, München.

Mohrmann, H. (1881): Rudolf Erich Raspe. Eine biographische Skizze, in: Hannoverscher Kurier, Juni 1881, Hannover.

Nissen, Claus (1953): Raspe in England, in: Das Antiquariat, 9.Jg., Wien u.a.

Nivelle, Armand (^{2}1971): Kunst- und Dichtungstheorien zwischen Aufklärung und Klassik, Berlin/New York.

Oberkampf, Walter (1934): Die zeitungskundliche Bedeutung der moralischen Wochenschriften. Ihr Wesen und ihre Bedeutung, Diss., Dresden.

Parthey, Gustav Friedrich Constantin (1842): Die Mitarbeiter an Friedrich Nicolais Allgemeiner Deutscher Bibliothek, nach ihren Namen und Zeichen in zwei Registern geordnet, Berlin.

»Der Patriot« (1724-26/1969 f.), hg. v. Wolfgang Martens, Bd. 1–3, Hamburg/Berlin.

Pestel, Susanne (1987): W.J.Ch.G. Casparson als Kasseler Gelegenheitsdichter zwischen Hofklassizismus und Vorromantik. Versuch eines Porträts, Examensarbeit (MS.), Kassel.

Philippi, Hans/Wolff, Fritz (1979): Staat und Verwaltung, in: Aufklärung und Klassizismus in Hessen-Kassel unter Landgraf Friedrich II. 1760-1785, Kassel.

Pipers Handbuch der politischen Ideen (1985), hg. v. Iring Fetscher/Herfried Münkler, Bd. 3, München/Zürich.

Plessner, Helmut (^{1}1966): Die verspätete Nation. Über die politische Verführbarkeit bürgerlichen Geistes, Stuttgart.

Pochat, Götz (1986): Geschichte der Ästhetik und der Kunsttheorie. Von der Antike bis zum 19. Jahrhundert, Köln.

Porter, Roy (1991): Kleine Geschichte der Aufklärung, Berlin.

Price, Lawrence Marsden (1961): Die Aufnahme englischer Literatur in Deutschland 1500-1960, Bern/München.

Prior, Gustav (Hg.), (1885): Jacob Hoffmeister's gesammelte Nachrichten über Künstler und Kunsthandwerker in Hessen seit etwa 300 Jahren, Hannover.

Propyläen Geschichte der Literatur. Literatur und Gesellschaft der westlichen Welt (1981 ff.), hg.v. Erika Wischer, Bd. 4: Aufklärung und Romantik 1700-1830, Berlin.

Prutz, Robert (1845/1971): Geschichte des deutschen Journalismus. Zum ersten Male vollständig aus den Quellen gearbeitet, erster Theil, Hannover/Göttingen.

Ders. (1851): Zur Geschichte des deutschen Journalismus, in: Deutsches Museum. Zeitschrift für Literatur, Kunst und öffentliches Leben, Nr.1, Leipzig.

Pütz, Peter (1978): Die deutsche Aufklärung, Darmstadt.

Raabe, Paul (1974): Die Zeitschrift als Medium der Aufklärung, in: Wolfenbütteler Studien zur Aufklärung, hg. v. Günter Schulz, Bd. I, Wolfenbüttel.

Ders. (1977): Zeitschriften und Almanache, in: Buchkunst und Literatur in Deutschland 1750 bis 1850, hg. v. Ernst L. Hauswedell und Christian Voigt, Bd. I: Texte, Hamburg.

Ders. (1981): Der Buchhändler im 18. Jahrhundert in Deutschland, in: Buch und Buchhandel in Europa im achtzehnten Jahrhundert, hg. v. Giles Barber und Bernhard Fabian, Hamburg.

Raspe, Rudolf Erich (1769): Versuch über die Architektur, Mahlerey und musicalische Opera, aus dem Italiänischen des Grafen Algarotti übersetzt von R.E. Raspe, Cassel [bei Joh. Friedrich Hemmerde].

Rau, Fritz (1980): Zur Verbreitung und Nachahmung des *Tatler und Spectator,* Heidelberg.

Rieck, Werner (1976): Literaturgesellschaftliche Prozesse in der deutschen Frühaufklärung, in: Aufklärung, Absolutismus und Bürgertum in Deutschland, hg. v. Franklin Kopitzsch, München.

Riedel, Friedrich Just (1768/1973): [Briefe] Ueber das Publicum. Briefe an einige Glieder desselben, hg. v. Eckart Feldmeier, Jena/Wien.

Rödel, Walter G. (1992): Im Schatten des Hofes - die Bevölkerung der frühneuzeitlichen Residenzstadt, in: Residenzen. Aspekte hauptstädtischer Zentralität von der frühen Neuzeit bis zum Ende der Monarchie, hg. v. Kurt Andermann, Sigmaringen.

Rohner, Ludwig (1968): Versuch über den Essay, in: Deutsche Essays, Bd.1, Neuwied/Berlin.

Rosenfeld, Hellmut (^{2}1984): Zeitung und Zeitschrift, in: Reallexikon der deutschen Literaturgeschichte, bgrd. v. Paul Merker und Wolfgang Stammler, Bd. 4, Berlin u.a.

Rumpf, Walter (1924): Das literarische Publikum und sein Geschmack in den Jahren 1760 bis 1770, Diss., Frankfurt a. M.

Ruppert, Wolfgang (1982): Bürgertum im 18. Jahrhundert, in: Die Bildung des Bürgers. Die Formierung der bürgerlichen Gesellschaft und die Gebildeten im 18. Jahrhundert, hg. v. Ulrich Herrmann, Basel.

Salomon, Ludwig (1900): Geschichte des deutschen Zeitungswesens. Von den ersten Anfängen bis zur Wiederaufrichtung des Deutschen Reiches, erster Band: Das 16., 17. und 18. Jahrhundert, Oldenburg/Leipzig.

Sauder, Gerhard (^{2}1984): Erbauungsliteratur, in: Hansers Sozialgeschichte der deutschen Literatur, hg. v. Rolf Grimminger, Bd. 3, erster Teilband, München.

Schaefer, Hans Joachim (1979): Theater und Musik, in: Aufklärung und Klassizismus in Hessen-Kassel (s.o.), Kassel.

Schattenhofer, M. (1967): München als kurfürstliche Residenzstadt, in: Zeitschrift für bayerische Landesgeschichte, 30. Jg, München.

Scheibe, Jörg (1973): »Der Patriot« (1724-1726) und sein Publikum. Untersuchungen über die Verfassergesellschaft und die Leserschaft einer Zeitschrift der frühen Aufklärung, Göppingen.

Schenda, Rudolf (1970): Volk ohne Buch. Studien zur Sozialgeschichte der populären Lesestoffe 1770-1910, Frankfurt a. M.

Ders. (1981): Alphabetisierung und Literarisierungsprozesse in Westeuropa im 18. und 19. Jahrhundert, in: Das pädagogische Jahrhundert, hg. v. Ulrich Herrmann, Weinheim/Basel.

Scherer, Carl (1893): Rudolf Erich Raspe und seine Beziehungen zu Anna Louise Karschin, in: Vierteljahresschrift für Literaturgeschichte, Bd. 6, Weimar.

Schlözer, August Ludwig (1793): Allgemeines Staatsrecht und Staatsverfassungslehre etc., Göttingen.

Schmidberger, Ekkehard (1979): Kunsthandwerk in Hessen-Kassel, in: Aufklärung und Klassizismus in Hessen-Kassel (s.o.), Kassel.

Schneider, Franz (1978): Presse, Pressefreiheit, Zensur, in: Geschichtliche Grundbegriffe (s.o.), Bd. 4, Stuttgart.

Schneider, Ute (1976): Der Moralische Charakter. Ein Mittel aufklärerischer Menschendarstellung in den frühen deutschen Wochenschriften, Stuttgart.

Schön, Erich (1987): Der Verlust der Sinnlichkeit oder die Verwandlungen des Lesers. Mentalitätswandel um 1800, Stuttgart.

Scholz, Hans-Jürgen (1979): Deutsche Dichtung und literarisches Leben in Hessen-Kassel, in: Aufklärung und Klassizismus in Hessen-Kassel (s.o.), Kassel.

Schottenloher, Karl (1922/1985): Flugblatt und Zeitung. Ein Wegweiser durch das gedruckte Tagesschrifttum, Bd. I: Von den Anfängen bis zum Jahre 1848, hg. v. Johannes Binkowski, München.

Schubart, Christian Friedrich Daniel (1774 ff.): Teutsche Chronik, Augsburg.

Schücking, Levin L. (^{3}1961): Soziologie der literarischen Geschmacksbildung, Bern/München.

Schulte-Sasse, Jochen (^{2}1984): Poetik und Ästhetik Lessings und seiner Zeitgenossen, in: Hansers Sozialgeschichte der deutschen Literatur, hg. v. Rolf Grimminger, Bd. 3, erster Teilband, München.

Schwarzkopf, Joachim von (1802): Ueber politische Zeitungen und Intelligenzblätter in Sachsen, Thüringen, Hessen und einigen angränzenden Gebieten, Gotha.

Schweizer, Werner R. (1969): Münchhausen und Münchhausiaden. Werden und Schicksale einer deutsch-englischen Burleske, Bern/München.

Sengle, Friedrich (^{2}1969): Vorschläge zur Reform der literarischen Formenlehre, Stuttgart.

Simon Louis du Ry (1980), ein Wegbereiter klassizistischer Architektur in Deutschland, Kassel.

Sirges, Thomas (1989): Die Bedeutung der Leihbibliothek für die Lesekultur in Hessen-Kassel 1753-1866, Diss., o.O.

Stapf, Paul (Hg.), (1974): Handbuch der deutschen Literaturgeschichte, Abt. Bibliographien, Bd. 6: Das Zeitalter der Aufklärung, München/Bern.

Steinberger, Julius (Hg.), (1923): Aus dem Nachlaß Charlottens von Einem. Ungedruckte Briefe von Hölty, Voß, Boie, Overbeck u.a. Jugenderinnerungen, Leipzig.

Ders. (1927): Göttingens kulturelle Bedeutung im 18. Jahrhundert, Göttingen.

Stern, Alfred (1932): Jakob Mauvillon als Dichter und Publizist, in: Preußische Jahrbücher, Jg. 1932, Bd. 230, Berlin.

Strieder, F.W. (1783): Grundlage zu einer hessischen Gelehrten- und Schriftsteller-Geschichte, Bd. 3, Göttingen/Kassel.

Ders. (1797): Grundlage zu einer hessischen Gelehrten- und Schriftsteller-Geschichte, Bd. 11, Göttingen/Kassel.

Stützel-Prüsener, Marlies (1981): Die deutschen Lesegesellschaften im Zeitalter der Aufklärung, in: Lesegesellschaften und bürgerliche Emanzipation. Ein europäischer Vergleich, hg. v. Otto Dann, München.

Sulzer, Johann Georg (^{2}1792): Allgemeine Theorie der Schönen Künste, Bd.II, Leipzig.

Thiele, Helmut (1986): Einwohner und Familien der Stadt Kassel 1731-1839, Bd. 10, Kassel.

Thomasius, Christian (1688/1972): Freimütige, lustige und ernsthafte, jedoch vernunftmässige Gedanken oder Monatsgespräche über allerhand, fürnehmlich aber neue Bücher, Bd. I: Januar - Juni 1688, Leipzig/Frankfurt a. M./Halle.

»Der Thüringische Zuschauer« (1770), hg.v. Friedrich Just Riedel, Erfurt.

Troeltsch, Ernst (1976): Aufklärung, in: Aufklärung, Absolutismus und Bürgertum in Deutschland, hg. v. Franklin Kopitzsch, München.

Umbach, Emil (1911): Die deutschen Moralischen Wochenschriften und der Spectator von Addison und Steele, ihre Beziehungen zueinander und zur deutschen Literatur des 18. Jahrhunderts, Diss., Straßburg.

von Ungern-Sternberg, Wolfgang (^{2}1984): Schriftsteller und literarischer Markt, in: Hansers Sozialgeschichte der deutschen Literatur, hg. v. Rolf Grimminger, Bd. 3, erster Teilband, München.

»Die Vernünftigen Tadlerinnen« (1725), hg. v. J. Chr. Gottsched, erster Jahr=Theil, Leipzig.

Vierhaus, Rudolf (1976): Deutschland im 18. Jahrhundert. Soziales Gefüge, politische Verfassung, geistige Bewegung, in: Aufklärung, Absolutismus und Bürgertum in Deutschland, hg. v. Franklin Kopitzsch, München.

Ders. (1982): Kulturelles Leben im Zeitalter des Absolutismus in Deutschland, in: Die Bildung des Bürgers. Die Formierung der bürgerlichen Gesellschaft und die Gebildeten im 18. Jahrhundert, hg. v. Ulrich Herrmann, Basel.

Ders. (1982): "Patriotismus" - Begriff und Realität einer moralisch-politischen Haltung, in: Die Bildung des Bürgers, (s.o.).

Ders. (1987): Aufklärung als Prozeß - der Prozeß der Aufklärung, in: Aufklärung, H.2, Hamburg.

Ders. (1987): Der aufgeklärte Schriftsteller. Zur sozialen Charakteristik einer selbsternannten Elite, in: Über den Prozeß der Aufklärung in Deutschland im 18. Jahrhundert, hg. v. Hans Erich Bödeker und Ulrich Herrmann, Göttingen.

Wackermann, Erwin (1970): Rudolf Erich Raspe - Erstautor der Münchhausen-Geschichten, in: Antiquariat, 20. Jg., Stammheim.

Weinhold, Karl (1868/1970): Heinrich Christian Boie, Halle/Amsterdam.

Welke, Martin (1977): Zeitung und Öffentlichkeit im 18. Jahrhundert. Betrachtungen zur Reichweite und Funktion der periodischen deutschen Tagespublizistik, in: Presse und Geschichte. Beiträge zur historischen Kommunikationsforschung, hg. v. Elger Blühm, München.

Wilke, Jürgen (1978): Literarische Zeitschriften des 18. Jahrhunderts (1688-1789), 2 Teile, Stuttgart.

Willnat, Elisabeth (1993): Johann Christian Dieterich. Ein Verlagsbuchhändler und Drucker in der Zeit der Aufklärung, in: Archiv für Geschichte des Buchwesens, Bd.3 9, Frankfurt a. M.

Wittmann, Reinhard (1977): Subskribenten- und Pränumerantenverzeichnisse als lesersoziologische Quellen, in: Buch und Leser, hg. v. Herbert Göpfert, Hamburg.

Wolff, Fritz (1983): Absolutismus und Aufklärung in Hessen-Kassel 1730-1806, in: Die Geschichte Hessens, hg. v. Uwe Schultz, Stuttgart.

Wunder, Heide (1983): Wirtschafts- und Sozialstruktur Kassels im 18. Jahrhundert, in: Stadtplanung und Stadtentwicklung in Kassel im 18. Jahrhundert, Kassel.

Die Zeitung (1967): Deutsche Urteile und Dokumente von den Anfängen bis zur Gegenwart, hg. v. Elger Blühm und Rolf Engelsing, Bremen.

»Der Zuschauer« (^{2}1750), aus dem Englischen übersetzt von Adelgunde Victoria Gottschedin, erster Theil, Leipzig.